巨匠的技與心

巨匠の技と心
江戸前の流儀

The Authentic Flavors of Traditional Tokyo-style Cuisine

日本三大料理之神的廚藝與修練

小野二郎、金本兼次郎、早乙女哲哉——著
小松正之——監修
張雅梅——譯

作者簡介

「數寄屋橋次郎」壽司

小野二郎 *Ono Jirou*

大正十四年十月二十七日，出生於日本靜岡縣。七歲時，奉長輩之命進入當地的割烹旅館「福田屋」工作，一直工作到十六歲，被政府徵調到軍需工廠服兵役，並學會料理的基本功夫。二戰結束後，正值二十五歲那年，進入位於東京京橋的壽司店「與志乃」門下，就此展開壽司師傅的修業之途。昭和四十年，三十九歲時自立門戶，選在銀座開店，取名為「數寄屋橋次郎」。開業沒多久，便以壽司名店聞名全國。平成十七年獲選為日本「現代名匠」；平成十九、二十年，「數寄屋橋次郎」獲得國際米其林三星認證。至今，仍是活躍在第一線的壽司職人。

「野田岩」鰻魚

金本兼次郎 *Kanemoto Kanejirou*

昭和三年一月一日，出生於日本東京都。身為江戶時代即設立的江戶前鰻魚老鋪「野田岩」第五代傳人，從十二歲起便跟隨在父親身邊學習鰻魚的料理功夫。昭和三十三年滿三十歲的時候，正式從父親手上繼承老鋪，成爲店主。一方面細心守護著老鋪的傳統味道，另一方面也不忘創新並提升服務品質。例如積極開發出結合了白燒鰻與俄式魚子醬的新菜色，並推出蒲燒鰻的眞空包，以及在法國開設分店等。平成十九年獲選入日本「現代名匠」行列。直至今天，仍在店內服務，持續扶持著長達一百六十餘年歷史的招牌。

「三河」天婦羅

早乙女哲哉 *Sotome Tetsuya*

昭和二十一年六月四日，出生於日本栃木縣。中學畢業後，因爲父親的一句話，「你在學校所學的已足夠」，便離鄉背井，來到位於上野的天婦羅老鋪「天庄」，展開學徒的修業。昭和五十一年，於日本橋開設自己的第一家店，取名「三河 天婦羅」。此名稱的由來，源自家傳至祖父那一代爲止、專賣川魚料理的「三河屋」。憑藉著學徒時代起一路自學所習得的理論爲基礎，長年來練就出紮實的料理技術，被業界奉爲天婦羅天才料理師，倍受廚師同儕的推崇。另一方面，由於口齒伶俐、善於表達的優點，同時也成爲電視、雜誌所喜愛的媒體寵兒。

數寄屋橋次郎 壽司
小野 二郎

野田岩 鰻魚
金本 兼次郎

三河 天婦羅
早乙女 哲哉

前言

我出生在日本岩手縣陸前高田市的廣田町，這個鄉鎮過去曾是沿岸、近海以及巡迴世界各地捕魚的遠洋漁業根據地。然而不知從什麼時候開始，原本受到遠洋漁業的排擠效應而大批湧至沿岸的沙丁魚和鯖魚，卻再也不見蹤跡了。再加上過去在近海洋面上採取圍網作業的船隻在逐年減少之後，船公司也跟著一家一家地關門倒閉。故鄉自此變得有些冷清，居民多半只能靠著人工養殖裙帶菜[1]一類的水產維持生計。但隨著養殖業者的高齡化，在後繼無人的情況下，從事漁業的人口也在逐年的減少當中。廣田町的居民人口數從巔峰時期的五千人，縮減到現今約莫僅剩下三千九百人左右。

當聽聞到這樣的狀況時，內心難免泛起一股「很想幫助故鄉振興漁業」的焦慮，無奈我個人在東京工作、生活，又要如何才能同時兼顧推動故鄉振興的事務呢？我仔細思考目前自己能做的事情，於是我想在東京不就有江戶灣和東京灣這兩大漁場嗎？為了日本的漁業發展，也許我可以藉由個人小小的力量，把東京和地方上漁業從業人員的活力找回來？我心中的想法於是逐步成形。

從平成十四年起，我開始沿著東京灣沿岸散步。像是隅田川河岸，我已經來回不知走過多少遍了。然後是吾妻橋到永代橋、勝鬨橋之間，各個橋梁的名稱可以說都摸得清清楚楚，並仔細觀察河川與水岸的生態環境。此外，我還多次與千葉縣和神奈川縣的漁村、漁會有過會談，彼此交換了許多寶貴的意見。

平成十七年，我們在橫濱港未來[2]盛大舉辦、邀請天皇夫婦陛下蒞臨的「第二十五屆全國再造豐饒之海大會」隆重揭幕。這場大會無疑地是吸引社會大眾共同關注東京灣海域及其相關環境的最佳良機。

昔日，位於江戶城前方的海域可說是一片棲息著大量魚群的豐饒之海；在這裡所捕獲的海產，以及應用這些海產做成料理的烹調手法，以新鮮美味著稱，統稱為「江戶前」。然而現在，在這個江戶前魚場大本營的東京灣，從事漁業的人口數已經從過去全盛時期的三萬人銳減到僅剩下三千人。儘管如此，仍有一群人默默堅守著自己的崗位，持續不輟地投入紫菜的養殖，或是捕撈星鰻、蝦蛄、青柳貝[3]和血蛤[4]的工作。在浦安[5]一地，甚至還有漁夫專門捕捉野生的鰻魚。另外，也有一群人長期運用這些來自東京灣的新鮮食材，不斷地精益求精，將壽司、鰻魚、天婦羅這三大江戶前料理的藝術發揮得淋漓盡致。今日，已然躍上國際舞台、成為眾所周知的江戶前三大料理，其發展與東京灣的地理環境和漁業生態，可說是有著密不可分的關係。想要了解日本這種瞬息萬變的特殊飲食文化，我們就必須將相關重要人物與客觀環境的形成要件連結起來，做一全盤的整理，才能掌握其中真實的樣貌。

長年投入東京灣漁獲與江戶前料理世界的三大國寶級名廚，包括「數寄屋橋次郎」的小野二郎、「野田岩」的金本兼次郎、「三河」的早乙女哲哉，正是我們在探討江戶前料理時不可忽略的活寶典。關於這幾位大師出道的背景、修業，以及他們各自對工作所展現的態度與理念，全濃縮在本書的第一章與第二章（對談）章節來做介紹。而第三章，旨在提供讀者們應有的基本常識，讓大家可以充分了解「江戶前」的意涵。

發行本書的目的，除了增進大衆「江戸前」的認識與素養外，如能幫助專業的後輩廚師學習到三位大師的技藝與用心，甚至讓漁業相關從業人員、環保運動人士，能更深入地去思考我們的飲食文化與海洋生態的關係，那將是身爲監修者的我最感到開心的事。

平成二十一年一月吉日　政策研究大學院大學教授　小松正之

目録。

第2章——三位大師對談‧話說江戶前

第3章——江戶前與江戶前料理

第1章

三位國寶級大師的廚藝與氣魄

「數寄屋橋次郎」壽司 ＝小野二郎＝

「野田岩」鰻魚 ＝金本兼次郎＝

「三河」天婦羅 ＝早乙女哲哉＝

世界公認的
高超手藝。

「數寄屋橋次郎」壽司

小野二郎

「所謂的一流，不是我自己說了算，要客人認同才行！」

1——巨匠的握壽司與其奧義

醋飯是壽司之命

壽司的美味，關鍵就在醋飯[1]。我個人認為，壽司美味與否，醋飯就占了百分之六十的決定性關鍵。

也許其他的壽司師傅並不像我一樣如此地看重醋飯的角色，怎麼說呢？從某些店家會使用冷掉的醋飯來做壽司就知道了。我個人是不會用冷掉的飯來捏壽司的，壽司飯必須和人體肌膚的溫度相當才可以。飯一旦冷掉了，我就會捨棄不用，重新煮一鍋飯。在我的店裡都是配合客人預約上門的時間來分批煮飯。

煮壽司飯，一般日本料理店都會一次煮二升[2]備用，在我的店裡則一次只會煮八合[3]至一升的分量，否則飯很快就會冷掉了。也因此，遇到像週六中午這種黃金時段特別忙碌的時候，我們往往要煮上三至四次的飯。

煮好的飯要拌入醋做成醋飯，但不能馬上使用，你得等飯粒表面沾附的醋稍微往裡頭滲透進去之後，才會是最佳的狀態。再則，我們說壽司在師傅手塑成形的那一刻，它的溫度恰好是最美味的時機。因此，爲了在最佳時機點上菜提供客人食用，我們就必須計算好時間。

以上說的就是本店的作法。但是一般的店家都會嫌這樣的作法太麻煩，寧可一次把米飯先煮好放著備用，這也就是爲什麼市面上很多壽司店的飯都是冷飯的關係。

也有店家是爲了避免飯冷卻而採用電子鍋來保溫，問題是壽司飯都悶在裡面，味道自然會變質。即使裝入一般的白米飯，味道多少都會有所改變，何況是加了醋和鹽巴的醋飯？味道勢必會不一樣。

因此，我店裡的作法是把醋飯倒進木製的飯桶裡，再將飯桶放入稻草編的籮筐中層層保溫。但即便如此，飯還是不會全部用完，畢竟它最終還是會冷掉。

至於壽司飯如何調味？簡單來說，就是把煮好的白飯加入醋和鹽，再拌入少許的糖即可。不過說到正統的江戶前壽司，在過去那個時代是沒有習慣加糖的。什麼

原因呢？那是因爲以前的壽司店光是買醋，分量就十分可觀了。他們可不是少量的一升、兩升這樣的買，而是直接用桶裝做計算。買回來的醋幾乎得在木桶裡躺上一整年，因此會使得原本酸嗆的味道變得柔和，進而釋放出一股圓潤的甘醇味。但這樣的好處背後也有其代價。因爲假設你買的是一斗（十升）的桶裝醋，放了一年後大概只會剩下八升至八升五合左右的量，原因是木桶本身會吸收。而靜置了一年左右的醋，色澤會變得比較深，甘甜味也會釋放出來。

現在由於裝醋的容器已和過去大不相同，你買一斗就是一斗，即使存放超過三年，容量和味道也不會有任何的改變。因此，如果我們不額外添加一點甜味的話，壽司飯的味道就不會完整。何況，加入少許的糖也能幫飯粒增加色澤。

世界認同的醋飯味

不過，標準的壽司飯可不能光嚐起來甘甜而已。

現在許多壽司店的醋飯都不夠酸。的確，它們在嚐起來的時候都有醋的味道，但比重卻沒有達到足以成爲關鍵要角的程度。本店就是意識到這一點，因此才會稍微刻意加重醋的角色。

壽司的酸味如果不夠明顯，客人品嚐了也感覺不出具體的味道，印象自然很模糊。這就好比在他的腦海中出現一道很平緩的曲線，絲毫的驚喜也沒有，又怎麼會烙下深刻的印象呢？

味道這種東西，在某種程度底下還是要顯得有稜有角才可以。世界知名的法國主廚侯布雄（Joël Robuchon）本人經常出現在他的店裡，對於食物，他也是出了名的

偏好有個性的、特色鮮明的口味。所以本店很注重醋飯比重的拿捏，如果你到店裡來看，我的客人幾乎都會把飯吃光，沒有人會嫌它不好吃。

平成十九年在東京首度舉辦的米其林美食頒獎典禮，來自世界各地的米其林三星主廚匯聚一堂。當時，光臨我壽司店的就有十三位，他們一致讚不絕口的也是我的醋飯，每個人都異口同聲地表示好吃。

而我對每個人的回應也都一樣，我總是強調：「美味壽司的關鍵，醋飯就占了百分之六十的比重。」一般的壽司師傅多半都會認爲，醋飯上面所擺的魚鮮材料才是左右味道好壞、占百分之七十至百分之八十比重的關鍵，但我認爲事實並非如此。

當然，什麼也比不上新鮮、上等的食材來得美味，問題是當漁獲量不足或遇到颱風過境導致某些海產缺貨的時候，我們不得已就得用一些平常我們不會使用的魚來替代，這時你的醋飯若是好吃，就能補食料的不足。所以我說，醋飯才是眞正左右壽司美味的關鍵。

三秒鐘勝負見真章

有些客人一坐上壽司店的吧檯便光顧著講話，師傅端出來的壽司連瞧都不瞧一眼，一擱就是五、六分鐘。

這種行爲無異於平白辜負了廚師事前的用心準備，以及親手捏製的誠意。沒有當下立即享受更是違反了壽司的美味原則。早知如此，師傅一開始就用冷飯來捏不就好了？或者，客人直接去買外帶的壽司便當吃不也一樣嗎？既然專程到壽司店來享受，我不太了解爲什麼有客人會這樣浪費美食？

很多人都覺得反正壽司本來就是冷的啊！有差別嗎？那麼我不禁要問：「你在家裡吃生魚片的時候，是配冷飯吃還是熱飯呢？」通常問十個人有十個人會回答：「配熱騰騰的飯吃。」道理是一樣的，因爲握壽司上面擺的正是生魚片啊！

「壽司不過三秒」我總是將這句話掛在嘴上，目的不外乎是希望客人可以在師傅出菜的三秒內將壽司放進嘴裡。原因是壽司師傅爲了讓客人能夠在他捏製完成的那一瞬間享受到最佳的美味，在捏製的過程當中會將食物的溫度與軟硬口感控制在最理想的狀態。

這就好比你在吃拉麵的時候，只要湯麵一上了桌，大家幾乎就不講話專心吃拉麵一樣。沒有人會光看不動手，任憑拉麵泡糊了，對吧？我不太明白爲什麼一碗數百日圓的拉麵大家會吃得很專心，而一貫上千日圓的握壽司擺在眼前，大家卻可以視而不見，一逕顧著聊天、好幾分鐘不動筷子？壽司這種食物光是擺著不動幾分鐘，整個味道就會改變的啊！

而關於顧客的預約制也是相同的道理。我們之所以會配合客人上門的時間分批煮飯，爲的是希望客人在入口的那一瞬間可以享受到醋飯的最佳狀態。但只要客人一遲到，我們所有的用心便會前功盡棄。

我們這些壽司師傅可以說是將個人的聲譽全押在壽司成形的那一刻，因此若能遇到知音，懂得將我們遞出去的食物毫不猶豫地送

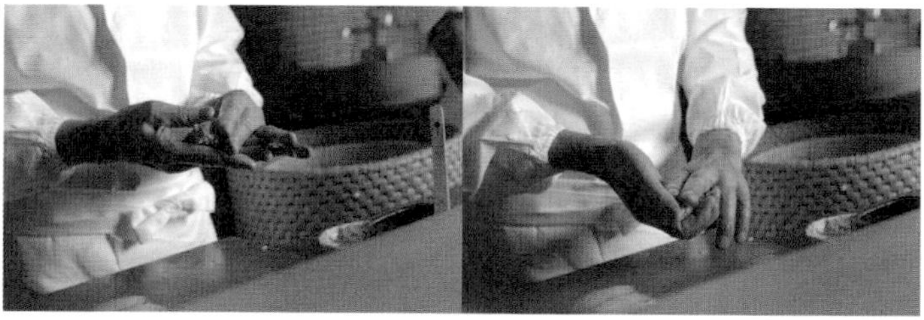

入口中，品嚐那臻於完美的滋味，對我們這些做料理的人自然是一大的鼓勵，會激起我們想要做出更美味食物的決心。

而握壽司上面的食材，作法也並非一成不變。你買一條魚，既有頭也有尾，有魚腹部位也有魚背肉的分別。所以當我們遇見投緣的顧客，自然而然會激勵我們想將食材發揮得更加淋漓盡致。對於這樣能夠激發廚師追求完美的客人，便可稱得上是老饕級的顧客。

壽司店存在的價值沒別的，只要看客人吃得投入、盡興，師傅自然也會使出渾身解數來捏製壽司。

三萬日圓是貴還是便宜？

本店「由師傅調配」的套餐價碼從三萬日圓起跳，我會挑選當季的魚類一一上菜，前後加起來大約二十貫的分量。二十貫三萬日圓，平均一貫約一千五百日圓，這樣算昂貴還是便宜？

按照一般人的概念，握壽司二十貫得花上三萬日圓，我想任誰也不會覺得自己賺到了吧？我之所以這麼說，主要是因爲前陣子我剛好去了一趟九州的由布院，當時投宿在旅館裡既受到館方的熱情歡迎，又享受到美味的料理，也泡了不只一次的溫泉，服務人員還得幫我鋪床疊被好幾回，總花費也不過三萬日圓而已。三萬日圓，就差不多相當於這樣的價值。

儘管如此，我還是不認爲本店的開價偏高，一點也不！爲什麼呢？因爲本店所進的魚貨都是魚河岸（築地市場）裡頭最頂級的。我在選購食材時從不討價還價，我只會挑剔品質的好壞，至於價格是昂貴還是便宜，我完全不管。

一般的日本料理店都有他們採購的預算上限，一旦遇到食材超出預算，逼不得已也只好選擇次級的產品。但本店不同！我的採購原則是，只要東西夠好就沒有二話。以海膽爲例，盛產的時候我買過一盒一萬日圓左右的，但最貴的時候，我也曾經買過高達好幾倍價格的。儘管如此，我還是不怕客人吃。因爲我的想法很單純，不夠好的東西我不要，不好吃的東西我也不會端給客人吃。

何況現在魚肉的價格居高不下，三萬日圓老實說實在沒有什麼利潤。

或許的確沒有一個客人會覺得吃一頓壽司要花三萬日圓算是便宜的，但至少我相信我的客人只要吃過一次，應該多少能理解為什麼入口的滋味值得這個價錢。我之所以敢這麼說，就是因爲本店的常客不在少數。你看我的店生意有多忙，這不正代表著懂我的知音不少嗎？

壽司要早點吃是理所當然的事

吃東西速度快的人，二十貫壽司大約花十分鐘就可以吃完了，只要師傅一上菜你就立刻配合送入口的話……。相對於三萬日圓的花費，享用美食的時間卻是如此短暫，感覺上似乎不太划算？但站在我的立場，我收受客人的每一分錢，憑藉的全都是我所提供最貨眞價實的美味。

最早的江戶前握壽司，其實是從路邊攤起家的一種庶民小吃，特別受到當時江戶地區工匠技師的愛顧。那時候，這些工匠們只要出門在外，肚子餓了，就會順便找家壽司店吃上五、六貫，然後瀟灑付錢走人，前後花不到五分鐘的時間。

這是其他類型食物辦不到的事。因爲通常你到一家店，老闆會先問你要吃什麼，然後你得等他做好上菜，任憑你如何地狼吞虎嚥，最少也得要花上三十至四十分鐘。

但壽司就沒這麼麻煩。壽司師傅從捏好到出菜都很快，客人解決的速度自然也不慢。說穿了，它畢竟是配合江戶人特有的急性子所產生出來的一種料理。儘管壽司發展至今，身價已不可同日而語，不再侷限於當年的庶民小吃，但是就速戰速決這一點來看，倒是一點都沒有改變。

近來，在壽司界普遍流行一種風潮，那就是在客人一入座時先端上小菜，內容除了生魚片外，可能還會有些燉煮的菜色或是燒烤、炸物之類的，最後才是主角壽

司登場。這種把壽司做成像懷石料理般的新形態，不僅拉長顧客享用的時間，對促銷酒類也是一大幫助。這種店與其說它是壽司店，不如說是同時兼賣壽司的日式小館來得貼切。

這種小型餐館不會直接在客人面前捏製壽司，而所謂的小菜也是隨店家高興做什麼就端出什麼，主要是方便他們將廚房剩餘的魚肉做最後的出清利用。畢竟食材丟掉了就沒有了，假如還能再製端上桌的話，那就是平白賺到。只不過，這樣的作法會讓壽司屈居於配角的位置，不再是唯一的主角。因此在我的店裡不會這樣做，我們頂多是類似到了秋天會推出銀杏這樣的小菜，方便客人下酒，除此之外就是專心做壽司，不會再有別的花樣。對於壽司愛好者來說，應該沒有比這更開心的事了吧！

可試職人身手的小鰶魚

壽司的材料當中困難度最高的，就是類似小鰶魚[4]（日文：小鮨）這類的魚了。烏賊也好鮪魚也罷，你只要在選購時具有分辨好壞的眼力便夠，但小鰶魚這類東西就得全然靠師傅的功力了。首先你得將魚洗淨，然後剖開成兩半，撒上鹽，並用醋醃漬，放置一至兩夜使其發酵後，才終於可以派上用場。

但即使如此費心醃製，魚可能還是會帶有腥臭味，或者一不小心味道就會過鹹或是發酸。而這樣的情形只要發生過一次，客人就不會再上門。因此，你必須做到一百位客人吃了有九十個人都說好吃的程度才可以，所以我才說小鰶魚是最難做的一道。

至於醃製的時間究竟需要多久？很難一概而論。這要看魚的大小、油脂分布的多寡，以及魚的新鮮度，都會左右它醃製的時間。前一天醃漬的魚，你隔天早上吃吃看，如果覺得還不行的話，是該再放一天？還是晚上再試……。諸如此類判斷魚發酵的結果，正有賴專業廚師的功夫。

除了小鰶魚之外，其他食材我照樣會在每天早上親自試過味道。因爲如果不這樣做的話，你要如何開口向客人推薦：「今天這魚很好吃喔！」那麼就得不到客人的回應：「是嗎？那就來一個吧！」所以我們當然要對自己經手的食材了然於胸，確定食材醃製到這樣的程度端上桌就沒問題了，才能端給客人吃。否則，又怎能期待聽到客人一句「哇嗚，這味道眞好」的讚美？

換句話說，食物好不好吃不是料理的人說了算，是要獲得客人認可才行。成天光是自吹自擂我的手藝有多好，客人只消一句「不好吃」，你就沒有下次的機會了。一旦讓顧客覺得你的東西「難吃」，他就不會再來光顧第二次；或者，只要在顧客心中烙下「價格太貴」的印象，他同樣也不會再來消費。

基於上述理由，我從來不敢自認爲自己手藝一流，畢竟打分數的是客人而不是自己。我相信只要腳踏實地做好自己該做的事，便自然而然會得到應有的評價。總而言之，秉持你的眞心誠意來做料理就對了！

2——經過努力而誕生的天才壽司師傅

七歲進入料理人的世界

我走上廚師這條路是打從七歲開始的事。在我即將升上小學二年級的那年四月，我進入濱松當地的一家割烹旅館[5]工作。身爲裡頭年紀最小的學徒，自然什麼都得做，包括打掃、外送、幫大廚磨菜刀……等等。

去旅館幫忙並非出於我的自願，實在是因爲家境貧窮，只好任憑大人的安排去那家旅館工作攢錢。雖然我並沒有想過要成爲一名廚師，但直到十六歲被軍需工廠徵調入伍之前，做菜卻是我唯一接觸過

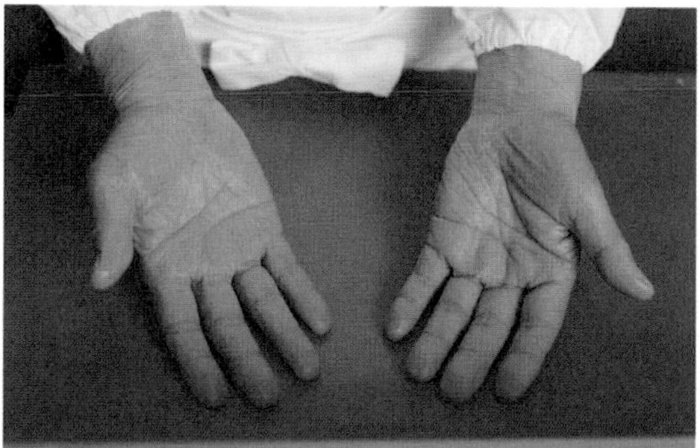

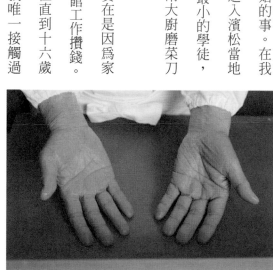

的工作。而就在經年累月的磨練下，我逐漸學會切生魚片、燉菜和燒烤的功夫。

第二次世界大戰結束後，我從軍中退伍回到家鄉，別提想在餐廳工作了，根本連一家餐廳或商店的影子都沒有。而所謂的黑市交易還是在一年後才流行起來的。當時的米仍得靠政府配給，自然不會有開放餐廳營業許可這樣的事。客人不能從正門光明正大地走進餐廳，只能從後門偷偷溜進去，然後在裡面吃吃喝喝。

最麻煩的就是酒和魚鮮不好入手，你不是去發放配給的地方用一點手段多買些貨回來，就是得拜託漁夫多幫你留一、兩條魚。

從濱松到東京，京橋名店「與志乃」

我來到東京發展是二十五歲的時候。當時，有客人聽到我想開壽司店，便好心提醒我：「想要學做壽司，你最好到東京去。」而當時他推薦我的，便是有「三大江戶前壽司名店」之稱、位於京橋的「與志乃」。

由於過去我所待的地方都是傳統的日式餐館，可以說從小就一直在學做日本料理，基於作業環境相似的緣故，所以我選擇開壽司店作爲個人的志願，也因此才有機會踏進這樣的名店學習。

想當然耳，要熟悉一個新的領域是很辛苦的。儘管我有料理方面的經驗，可是做壽司卻是頭一回嘗試，自然得從最基層的工作開始做起。比方說，在日式餐館做事，你不一定得知道醋飯要怎麼煮才會好吃，可是一旦進入壽司店工作，你如果不懂得做醋飯的方法，就不可能出師。甚至連魚的處理方法也和過去很不一樣，我沒有捏製壽司的經驗。基於以上的緣故，雖然店裡面還有兩位學徒年紀比我年輕十歲左右，但是做最底層工作的卻是我。

不過我很爭氣，因爲我學東西比他們兩個快很多。主要是我已經二十五歲了，自然有不能輸給比我年紀小的人的壓力，所以我會花加倍的精神在工作上。

在「與志乃」待了三年後，我接到委派的任務，頓時搖身一變成了大阪某家店的大廚。原因是京橋「與志乃」的老闆和大阪的這家店東是好朋友，當對方提出想賣江戶前的握壽司時，便順口向「與志乃」老闆要了人手，於是我便雀屏中選了。

能夠如願以償學習壽司店的經營，同時還能賺到三年的合約，這樣的機會簡直就是天上掉下來的禮物，豈有推辭的道理？於是，我抱著破釜沉舟的決心前往取經。若不是看中這一點，我又怎麼願意一個人離開熟悉的環境去大阪打拚呢？

「數寄屋橋次郎」的誕生

在大阪待了六年後，我在三月時回到東京的「與志乃」本店，而在現址設立分店則是十二月的事。同時我也順利晉升爲分店長。

當老闆準備將這樣的一家店交給我的時候，光憑廚房的工作做得好是不夠的，你必須具備一定的經營能力，這其中包括招攬客人的能力，以及口碑宣傳的眞正實力。倘若只會呆立在吧檯後面捏製壽司，然後靜靜地上菜，這樣是做不了生意的，更遑論要經營好一家店了。我不知道當時京橋的老闆爲何會做出這樣大膽的決定，只能猜想或許他看見了我具備某種的潛質吧！畢竟我在大阪期間，壽司店的生意始終是高朋滿座。

不過，若是問到該如何拉攏顧客、成爲死忠的支持者，我倒是沒有什麼祕訣，純粹只有用心二字。你不用刻意說些好聽的話來巴結顧客，只要你對自己的料理有信心，並且日復一日毫不鬆懈地精進努力，其實也就夠了。

「數寄屋橋次郎」誕生於昭和四十年的正月新春，也就是我三十九歲的那一年。由於原來的「與志乃」分店決定歇業撤出，在大樓屋主的協調之下，我接手了這家店，並成立了自己的新品牌。

雖然我實際跟著師傅修業的時間

也不過三年，但我不覺得這樣的時間算短。假設你跟在大廚旁只會一個口令一個動作的話，那麼就算你花再多年的時間，還是和實習生沒什麼兩樣。想要廚藝精進，你必須學會自我思考，並實際操作演練，不斷磨練你的技術。假如身邊有手藝精湛的師傅，那麼在每天廚房的例行工作當中，你就要暗中偷學他的本領，並用他的方法去做做看。藉由這樣的學習，你就會一天比一天進步。否則，你永遠也無法成為獨當一面的專業廚師。

學如逆水行舟，不進則退。除非有一天我不做廚師了，否則加強手藝都會是我一輩子的功課。作為廚師，你不能只滿足於現狀。即便別人稱你為現代名匠[6]也好、拿到米其林三星認證也罷，這些都不過是日積月累下的成果之一，千萬不可因此而自滿。身為專業的廚師，我們應該要有更遠大的目標才是。

3——小野二郎的素顏

小野二郎的一天

我通常早上十點半左右才會到達店裡，因爲現在到魚河岸（築地市場）採購的工作已經交由長子負責，相對地我便輕鬆許多。

若是好天氣，我會從位在中野新橋的家直接步行到新宿。即便是週日或遇到國定假期不用開店的時候，只要我沒事，還是會維持這個散步的習慣。從我家經過新宿走到四谷，再沿著護城河漫步到銀座，以我的腳程來說，單程距離就將近要走一萬兩千步。但因爲我現在心臟不太好，沒辦法走快，所以每次我大概都要花兩個小時左右才走得完。

走路對我來說並非是苦差事，畢竟這是我長年以來的習慣，假設我連這一點體力都沒有的話，如何有辦法以八十三歲的高齡每天在店裡站上一整天呢？

我一進到店裡之後，便開始著手準備中午的營業。由於前置作業有長子帶領的一幫助手幫忙，我只要負責最後的重點檢查工作即可。通常我會先聽取當日午餐的預約狀況，了解一下大致上有什麼樣的人會來、有多少人。主要是爲了確認這當中有沒有熟悉的常客，有的話就要準備他們愛吃的菜色；另一方面，有時候也會因爲天候等因素造成實際進貨的狀況與原先採購的計劃有所出入，這些都要加以了解才能有所因應。

我們開店的時間是在十一點半，午餐結束的時間大約是下午兩點整。然後，等我們忙到一個段落之後會停下來用餐。我們的伙食交給年輕的小學徒包辦，這等於是他們的功課，做得好不好吃、會不會過鹹、或是偏甜、太辣，大夥兒就趁著吃飯的時候給意見。

晚餐的準備大致上從四點鐘開始，五點半左右我們就會開店迎接顧客。由於現在店裡的生意實在太好，晚餐我們又必須實施兩階段制，分別爲五點半和七點兩時段。相對地，壽司飯也會配合這個時間來分批煮。

晚上結束營業的時間大約在八點至八點半之間。關門後，大夥兒會做整理與收拾，我則到櫃檯處清點款項與整理帳目，然後就準備回家。等我眞正踏出店門，大約是結束營業後的一小時過後吧！晚飯我習慣回家吃，通常大約十點鐘左右才用餐。飯後我會先洗澡，再看一會兒電視新聞，等到上床睡覺大約是凌晨十二點至一點鐘左右。

在年輕的時候吃好吃的東西是重要的事

我喜歡享受美食，所以每到放假的週日、國定假期或是週六的晚上，即使到現在，我還是會四處去尋找美食。只是，我在東京是不會走進任何一家壽司店的，畢竟同行相忌，沒有必要惹人厭。如果有機會到其他城市，只要一聽到當地有什麼好吃的壽司店，我會毫不猶豫地上門光顧。只不過，還是不免偶爾會被認出我就是那個「數寄屋橋次郎老闆」。基於上述種種緣故，導致我怎麼樣也無法若無其事地走進壽司店，最後只好選擇其他類型的餐館。例如「三河」，平均每個月我都會去光顧一次；另外，像是「野田岩」和侯布雄的店，我也都會去吃。

享受美食固然是我天生的愛好，但身爲一名廚師，爲了保持味覺的靈敏度，平日多吃一些優質的食物也是必要的。舉例來說，假設你一整個月都光吃蔬菜類，那麼當你一嚐到魚肉的滋味時，即使不是那麼上等的魚貨，你也會覺得美味得不得了吧？同理可證，如果想要維持自己對食物的品味，平常就非得吃一定水準以上的料理才行。這個道理同樣適用在小孩子身上。人在孩童時期對味覺的記憶力是最強大的，如果能在幼年的時候就能吃到美味的食物，對孩子來說就是一輩子味蕾上最好的訓練。所以，我的兩個小孩還在念小學的時候，就帶他們去京都玩，順便吃遍當地各種美食。

有一次，我們去拜訪一家位在京都的寺町、

店名叫「三嶋亭」的餐廳，由於店家本身有飼養牛，便以橄欖油烤牛肉作爲招牌菜色。當時我的兩個小孩正值會吃的年紀，驚人的食量把店裡的女服務生都嚇了一跳，「我們店裡的價位不便宜，你們點這麼多，沒問題嗎？」我的長子在那之前並不愛吃肉，但是那次在「三嶋亭」的經驗卻可以讓他開心地直呼：「肉竟然可以這麼好吃！」於是我便隨他高興吃多少就吃多少，最後結帳時發現，父子三人總共花掉了超過十萬日圓。

然而直到今天，我的長子對當年那牛肉的滋味依然念念不忘。儘管已經過了二、三十年，他仍然不時會提到：「當時入口的那個牛肉實在太好吃了！父親頭一回帶我們去光顧的那家店，它牛肉的滋味我到現在都忘不了。」那次的經驗簡直已經滲透進他的骨子裡，成爲身體記憶的一部分。所以我認爲，十萬日圓的收費其實一點兒都不貴。如果父母對子女能從小累積這樣的訓練，必定會在他人生的某個時刻點發揮它的效益。包括日本的傳統飲食文化與用餐禮儀，不也應該同樣地透過類似的身教來傳承給下一代嗎？

身為廚師也一樣。假如你從年輕的時候便吃遍各方美食和精緻的食物，對飲食的品味自然不同。我店裡一年會舉辦一次員工旅遊，如果地點很近的話，年輕人他們自己就能去玩，所以當由我帶隊的時候，通常就會選擇他們平常比較不可能去的地方，例如沖繩或廣島，也去過靠日本海的金澤一帶。我們會在那裡短暫地享受一下奢侈的生活，然後再讓員工開開心心地回到工作崗位上。人在外出旅行的時候，對於在哪個地方吃過些什麼、在哪裡又做過些什麼事，通常會很難忘懷。等到這些小毛頭將來有一天自立門戶了，開始有下屬幫他們做事時，相信過去的這些記憶就能派上用場了。

超過八十高齡打保齡球不失手的功力

我喜歡打保齡球，即使到這個年紀，也依然每個月會去玩一次。與其說打保齡球是我的興趣，不如說我除了這個運動外別無選擇。以前年輕的時候還會去爬爬山，但現在心臟不好，已經不能再從事過於劇烈的運動了。我第一次接觸保齡球是在昭和四十年（一九六五年）左右，當時正是保齡球剛流行的時候。我經常在晚上收工之後，和一群年輕同事一起去打保齡球。現在，我大致仍維持每個月一次、一年共約十二次打保齡球的習慣，其中平均一年會出現一次兩百分左右的高分紀錄。去年（平成十九年）和前年（平成十八年），我各有一次全局無失分的紀錄，創下的分數分別是二〇七和二〇三。要打到一整場下來毫無失手，可說是件非常困難的事。我敢說，就算是和我店裡那些年輕小夥子比，我也不會輸他們。

我是個左撇子，自然是用左手丟球，問題是保齡球場提供的球清一色都是供右撇子專用。球洞和我的手指在很難貼合的情況下，必須選擇磅數稍微重一點的球，手指才有辦法抓牢。所以我現在使用的都是十四磅或十五磅的球。儘管別人都說我很會打球，但事實上，保齡球這種東西是不需要用力的。你只要把手臂往後拉，然後順應球本身的重量自然擺盪到前方，趁勢將手抽離即可，根本不需要使勁。

最近我又迷上了另外一樣東西，那就是燒陶。話雖這麼說，其實也只去玩過三次而已。平時偶爾會去拜訪陶藝家加藤孝造的工作室，在加藤老師的勸誘之下，忍不住嘗試自己動手捏陶和窯燒，才發現其中的樂趣。竟然玩著玩著，不知不覺就忘了時間。念幼稚園的小孩不是都會玩沙嗎？燒陶的原理就和那差不多。你要先搓泥塑形，然後晾乾上釉，最後便是送進窯裡燒製。每次看見自己完成的作品，總有無法隨心所欲的感嘆，例如原本可能設定好要做一只茶杯，沒想到最後做出來的成果卻足足小了一號，成了茶盞。但或許也是因爲如此，反而激起我期待下一回能有更佳作品的那種繼續挑戰的慾望。

店家資訊 ／ 「數寄屋橋次郎」壽司

地址：東京都中央區銀座 4-2-15　塚本總業大樓地下室
電話：03-3535-3600
營業時間：一→五 午 11:30～14:00
一→五 晚 17:30～20:30
六 午 11:30～14:00
休息日：每週日及國定假日
營業時間與休息日偶有變更情形，詳情請洽各店。（平成二十一年一月）

聽 小野二郎 怎麼說

對金本兼次郎的印象

我去「野田岩」吃過好幾次，每次去，金本先生都會禮貌性地出來跟我打招呼，說完「歡迎光臨」後便立刻又鑽進廚房裡，我們沒有什麼進一步的交談。所以我一直以爲他是個沉默寡言的人，直到這次對談時才發現（請參閱第二章）他可以這麼健談，還眞的令我感到訝異。詳細一問才知道，原來他平常在大學授課，難怪說起話來能如此行雲流水般滔滔不絕。

「野田岩」的鰻魚眞是好吃得沒話說！就算別人要學他的那種方式烤鰻魚，也做不來，因爲只有金本先生才有辦法把那樣滑嫩的鰻魚肉串上竹籤，而且燒烤過後還能維持住工整的外形，不會鬆散掉。

去年（平成十九年），金本先生入選現代名匠之列，但在我看來，這項榮耀早該落到他頭上了，他拿到獎可說是實至名歸。

對早乙女哲哉的印象

我眼中的早乙女先生不僅手藝了得、腦筋也好，加上能言善道，實非等閒之輩。你只要聽他一席話，就知道他可不是普普通通賣天婦羅的老闆而已，他可以從科學的角度來分析料理，對魚類的了解更是透徹，幾乎到了無所不知的程度，可見他平常有多用功了。另外，他對於陶瓷（器皿）也有相當的研究，專業的程度可是連陶藝專家都不免感到汗顏的。不過話雖如此，你從他的外表卻完全看不出來，因爲他總是一副優哉游哉的模樣，你完全無法聯想得到。

你不覺得早乙女先生整個人就是散發著江戶人的味道嗎？只要工作結束立刻就出門找樂子，就算不喝酒也要到處遊蕩；不管別人提起什麼樣的話題，他照樣都能接得上，可以說是上知天文、下知地理。在我們這個圈子裡，像這樣的職人還眞不多見。

早乙女先生也會來光顧我的店，一星期大概「只來」五天。我們已經是二十年以上的老交情囉！

一問一答／以相同的問題詢問三位大師／

小野二郎

一　何謂「粋[7]」？

出社會後還能夠一直堅持自我主張的人。畢竟，被譽為「粋」，也算得上一種虛榮的門面吧！

二　何謂「料理」？

就是食物。

三　何謂「一流」？

比一般人還要傑出的人。不過，這不是當事人可以決定的，必須是經大衆認同的。

四 何謂「流派」？

是這一個人的信念。

五 您如果沒有成為廚師的話，會想從事哪一行？

可能是機械工吧！因爲以前當兵的時候在軍需工廠裡，整天不是待在動力室裡就是負責操作起重機（吊車）。我還滿喜歡做這一類的事。

六 您的勵志銘為何？

努力。除此之外別無其他。

七 您有特別迷信什麼嗎？

沒有。我不太相信這種事，人能夠依靠的只有自己。

八 假設明天就是世界末日的話，您最後的晚餐想吃什麼？

大概會吃鹹鮭魚或醬菜類的茶泡飯吧！因爲是最後一餐，所以特別想豪邁俐落地大口扒飯。日本人就該這樣，你說是不是？

不斷創新的
老鋪第五代傳人。

野田岩 鰻魚

金本 兼次郎

「我們哪有什麼流派！不過是按照『江戶前』的傳統作法罷了。」

1——江戶前鰻魚職人、一流的工作

剖魚、串籤、白燒、清蒸、醬烤

料理鰻魚的過程可以分爲五個階段：首先將鰻魚剖成兩半，接著插上竹籤，然後不添加任何的調味料進行白燒，下一步再蒸熟，最後才蘸上醬汁烘烤入味。經過這五個步驟，才能算是完成一道正統的蒲燒鰻。

夏季的盛產期間，師傅一天大約要處理一百公斤左右（約五百條）的鰻魚，平均一條約花四十秒的時間。兩分鐘可以處理三條，這已經成了業界的基本常識。

在串鰻魚的部分，關東地區的作法是先蒸熟後再蒲燒，所以他們會使用竹籤來進行；但關西的作法不同，因爲少了清蒸這道手續，所以普遍習慣使用鐵籤。上等的鰻魚肉質特別細緻軟滑，如果串籤的動作沒有做好，魚肉在燒烤的過程當中容易脫落；相反地，如果因爲擔心脫落而串得太密集的話，又會影響賣相，這些都是需要考慮的重點。

我在下鄉的時候雖然也看過有店家會先把鰻魚放進蒸鍋裡蒸熟，再擺到炭火上燒烤。不過基本上，關東地區的作法還是偏向以白燒作爲第一道手續，這可以說是業界普遍的常識。因爲如果不這麼做的話，鰻魚皮容易變硬，也比較不容易去腥。我的店很注重白燒這道手續，因爲唯有將鰻魚皮的土腥味都能徹底地除去之後，才有辦法將肉質的鮮美提煉出來。

當鰻魚放進蒸鍋裡蒸煮時，最需要留意的是你究竟去掉了多少油脂？蒸煮的時間大約一個小時，接著便要蘸上醬汁燒烤，如此製作出來的鰻魚口感將會十分地綿滑柔嫩有如涓豆腐一般。

江戶前的鰻魚佐料用的只有味醂和醬油，兩者間的比例多寡會決定味道上的差異。過去的佐料比例爲味醂和醬油各占一半，呈五：五的狀態；但現代人的口味偏甜，所以一般來說，師傅都會把味醂的比例調配得多一些。

「明明只有味醂和醬油，爲什麼鰻魚的味道會這麼好？」經常會有人問我這樣的問題，那是因為每次將鰻魚浸入調配好的佐料裡，那鮮甜的汁液便會徹底地滲入肉質裡的關係。

自古以來業界流傳著「剖魚三年、串魚八年、燒烤一生」的口訣。我每天都在烤鰻魚，但隨著木炭堆疊的差異、鰻魚油脂釋出狀況的不同，每一次我都要微調作法。

無論鰻魚是野生或是養殖的，這些工夫都省不了，不會因為鰻魚的條件改變有所不同。製作美味鰻魚的五個標準作業工序是不容打亂的，這也就是所謂江戶前的正宗作法。

對天然的堅持

天然的野生鰻魚捕撈季從每年的四月開始，由霞浦一地揭開序幕，利根川緊跟在後，到了五、六月則是東京灣漁夫們大顯身手的時候。到了秋季，則又有另一波專程爲產卵來到太平洋的鰻魚成爲人們的盤中飧。吃鰻魚是講究時節的，肉質最鮮美的時候是在每年的九月至十月之間。

天然的鰻魚每年捕獲的數量都不同，以今年（平成二十年）來說，尤其是最近，漁獲量特別驚人，多到連過去不曾往來交易過的批發商都前來向我兜售。也拜鰻魚大豐收之賜，今年採買的野生鰻魚數量可說十分可觀，光是天然的品種，最高紀錄就曾經達到一天買進三百公斤之多！

不過，由於野生鰻魚的價格始終居高不下，店裡也不能光只是用野生的鰻魚，養殖的品種同樣一天也會進三百公斤左右。這樣兩邊的食材加起來，一天就有六百公斤！已經達到店裡所能處理的飽和狀態。如此龐大的採購量，就連在橫濱開店的弟弟以及位在高島屋的分店加進來一起吸收，恐怕都無法全部消化完畢。

儘管如此，我還是交待店裡的人：「野生鰻魚我們不收不行。」原因是，如果因爲豐收我們就拒絕多採購，那麼當批發商的銷售狀況不佳，會導致漁民以後都不想捉鰻魚，這樣我們就沒有鰻魚可賣了。

我店裡的鰻魚盒飯[8]價格有幾種不同的等級：旺季進貨較多的時候，大約三千日圓以上的價位用的都是野生鰻魚；進貨較少的時候，有時價格也可能上揚到五千日圓左右。

通常我都會先詢問客人的意願，是想吃野生的鰻魚吃到過癮？或者會不會介意鰻魚的體積沒那麼大，但是保證很美味？如果客人回答「小一點也沒關係」，那麼我也會視情況收取相對應的價位。

相反地，如果客人表示「我想要大吃一頓」，那麼收費就會落在五千至六千日圓左右。或者有人說「請給我特大號的鰻魚」，以時價計則可能高達一萬日圓左右，客人對價位沒問題的話，那麼我保證當他吃飽喝足準備打道回府時，必定會感到心滿意足。

每條鰻魚的油脂分布不一，魚肉的厚度也不一樣，光憑肉眼實在很難定出價位。尤其是野生的鰻魚，通常牠們不是頭比較大、骨骼比較粗，就是肝比較肥厚、體積的落差也不小。而依照捕獲的季節和時期的不同，也都會造成品質上的差異。因此，

如何因應食材的變化微調我們的料理手法，使商品維持在一定的水準，正是身爲鰻魚師傅我們的工作。

高價的養殖鰻

捕捉野生的鰻魚有其季節上的限制，加上漁獲量也不可預期，導致市場上的價格比較貴。但鰻魚終究是一種平民化的美食，我們總不希望它的價格貴到離譜，因此本店也有引進養殖的品種。只不過，養殖的價位在今年（平成二十年）也創下新高，和去年相比，每一公斤約多出一千日圓之譜（以成魚而論）。

去年春天由於養殖鰻魚過剩，到了秋季還一度造成價格下跌、市場一片譁然。

後來是因爲發生一起中國冷凍水餃事件[9]，超市開始拒絕來自中國的鰻魚商品上架，促使民衆大肆搶購日本國產的鰻魚。這場意外的風波讓鰻魚批發商賺得不亦樂乎，手上有的貨全賣給各大超市，渾然忘了我們這些嗷嗷待哺的生意夥伴，於是市面上的鰻魚店竟然瞬間大缺貨！

造成的問題還不僅於此。這些養殖鰻魚的來源，其實是業者將捕撈來的鰤仔魚（鰻魚的幼苗）把牠丟進養殖池裡培育長大的。因此，也造成市場上鰤仔魚的供貨量相對減少。最近，鰳仔魚的交易行情飛漲，一公斤甚至可以賣到一百萬日圓！

如此一來，便造成生產者（養殖業者）在籌措投資成本方面倍感吃力，相對在回收的時候，成魚的賣價就不可能便宜。於是，養殖鰻魚的身價便一路上漲。而站在經營鰻魚店老闆的立場，又不能要業者暫時不要進鰻魚苗養殖，因此再貴也只好苦水往肚裡吞了。

近來，鰻魚也晉身爲桌宴菜之一，日本民衆似乎慢慢可以接受它的高價位。畢竟售價太低，養殖業者難以爲繼；但價格漲到離譜，就輪到我們這些專賣店無從承受了。對於那些全家人仰賴一家小小的店面維生，甚至還得付店租的人來說，無疑地是雪上加霜。不知道有多少人會因此被迫關門大吉、轉換跑道重新出發呢？

職人的素質降低

隨著野生鰻魚愈來愈難捕獲的情況下，現今日本人吃下肚的鰻魚超過百分之九十九全都來自養殖業者的供應。

昔日養殖的鰻魚可說是品質絕佳，我還記得昭和四十年代所養殖出的鰻魚味道既香、肉質緊實又有彈性，經過燒烤後往往令人不由得發出讚嘆，「這烤鰻魚也太好吃了吧！」但曾幾何時，這樣的經驗已變得十分罕見，許多養殖的鰻魚肉質都有過度鬆軟的問題。

雖說花上數年光陰育成的鰻魚，本來就無法與天然野生種相較，但牠們的優點是肉質緊實，經得起火烤。相對地，你如果沒有先白燒一會兒，不僅無法去除牠的腥臭味，內在的鮮甜也無法自然釋放出來。另外，在蒸煮的過程也要花比較久的時間，將近需要一個小時。如此大費工程地伺候，最後才得以完成一道美味的日式烤鰻。

問題是，現在養殖出來的鰻魚肉質比較鬆垮，經不起大火烘烤；而一旦白燒的步驟沒有做好，就會殘留腥味。即使後面還有一道清蒸的手續，也會因爲肉質不夠緊實的關係，頂多只能蒸上五分鐘至十分鐘不等。如此製作出來的烤鰻是不會好吃的。

也許你們會覺得納悶，爲什麼過去和現在的養殖品質會有這麼大的落差呢？其

實料理師傅也要負擔部分的責任。因爲鰻魚的肉質如果比較鬆軟，廚師的刀就不容易損傷，殺魚的時候相對也比較省事。於是就有人向養殖生產的業者傳達出這樣的需求，而業者爲了自身的荷包著想，也只好配合著改良品種，所以才有了這種肉質較軟的鰻魚問市。儘管我頻頻向他們反應：「從前的人不是這樣養鰻魚的！再這樣下去，我們以後就吃不到鰻魚本來的味道了！」但很無奈地沒有業者願意聽進我的勸告。

有一句話叫作「因材施教」，處理鰻魚也一樣。每一條鰻魚的條件都不相同，有的油脂比較豐厚，所以要這樣燒烤；有的含油較少，應該要這樣處理……。不同條件的鰻魚就有不同的對應方式，考驗的正是專業料理師傅的功夫。

問題是現在有很多廚師不重視基本的技術，凡事只挑輕鬆的做，即使做出來的菜不好吃也不會反省是自己的手藝不夠好，還會怪鰻魚的品質不佳。成天只會盯著數字打如意算盤，連正眼也不瞧鰻魚一眼，費時費工的事不幹，這樣怎麼可能培養出好的廚藝呢？然而當這樣的廚師成爲大多數之後，客人慢慢地也就懶得移駕到專門店來吃了。畢竟，當你上餐館吃到的水準和超市買到的沒什麼兩樣時，任誰也不會想當冤大頭專程到店裡吃吧？

因此，身爲專業的廚師，應該持續不斷精進自己的技術，以提供顧客不同於超市的味覺饗宴爲職志。可惜這樣的廚師實在是太少了。這些短視近利的人正把自己逼向絕路卻毫不自知。

如果我們不能切切實實地將身爲一名廚師該有的正確心態和職業道德傳遞給下一代的話，說不定我們這一行將因此慘遭市場淘汰而徹底消失。這樣的職業危機，其實我從數十年前就已經隱約嗅到了。

2——守護、培育老鋪

所謂繼承老鋪這件事

身爲已經營四代之久的鰻魚店老鋪的長子，自我懂事以來便不時受到大人的提醒：「你以後是要繼承這家店的」、「你就是第五代的掌櫃」。就連雙親也是用同樣的話對我洗腦，周遭的人更是用「野田岩老闆兒子」的身分來看待我。加上我的好朋友個個家裡不是賣魚的就是做其他生意的，大家都有未來必須繼承家業的心理準備，我自然也將它視爲理所當然。

如果是現代，我們大概會傾向於「尊重孩子的意願」吧！不過作爲父母的，我想還是會免不了很具體地向孩子傳達「跟著我走這條路準沒錯」的訊息。

不過光是嘴上這麼說，大人總不能硬逼著孩子去做，想讓孩子心甘情願地繼承家業，父母就要把生意經營得有聲有色，讓孩子感覺到它的魅力所在。若只是對孩子發牢騷，說些「我們家還有大筆債要還」的話，任誰也不會想繼承這個爛攤子吧！你必須讓孩子對事業懷抱夢想，這既是父母的責任，同時也是身爲經營管理者的責任。

我開始會騎腳踏車是在五、六歲的時候，當時我總像個跟屁蟲般跟在父親的身後，四處去批發商那裡串門子。漸漸地，父親開始會派我去取一些煮湯的材料或是魚；有時候，外送的地點不太遠的話，父親也會讓我去。於是自然而然地，我便開始幫忙起店裡的生意。

我的父親很嚴厲，也因爲頑皮的關係，小時候的我常挨罵。我家有兩道樓梯，一個在前面供客人進出店裡使用，另一個在屋裡頭。每次父親發火的時候，都會一面狂吼著「你這小子！」一面發出震天價響的腳步聲，氣急敗壞地爬到樓上的自家。這時候，我們這些小孩就會從另一個樓梯火速躲到店裡頭去。沒一會兒父親發現了，又得趕緊從另一邊的樓梯跑到店面，而我們這些小孩早已利用店裡的樓梯逃回家裡去了，如此的戲碼重複上演著。

總而言之，父親的角色對我來說是絕不容忽視的存在。我的意思非指親人間那種血濃於水的情感連繫或是表面的關係，而是我們父子乃至全家人，因爲經營一家店而緊密地結合在一起。該說是「同舟共濟」嗎？總之，我們家人之間的關係就是那樣密不可分。

我繼承這家店的時候是三十歲，也就是在昭和三十三年的時候。由於我從二戰開始前就已經把鰻魚的製作過程大致都摸透了，像是剖魚、串籤這些技術都難不倒我。至於經營管理方面，我母親總是會提醒我要記得看收支帳目、如果要讓自己的兄弟進來幫忙，就非得建立一套有如公司組織架構般的體制才行……等等，許多的教導讓我獲益良多。

在二次大戰爆發之前，店裡的生意一直都是門庭若市，無奈戰後店面一帶形同一片焦土，荒涼得可以，客人流失近八成。最慘的時候，一天盼不到一組客人上門。而最難熬的期間發生在昭和二十至二十三年間，我還記得當時曾經走到附近少數倖存下的宅邸，家戶詢問：「您今天想吃鰻魚嗎？」後來，我在原地杵了一會兒，感

五代目
岩田野

到十分茫然，因爲我終究是未能爭取到訂單。

從那次之後，生意有逐漸復甦的跡象。到了昭和三十三年我正式接手經營店面時，其實整家店的營運就差不多都是我在管理了。想必父親也看見到我的成長，覺得是時候該交棒了吧？

訴求天然的鰻魚

在我接手鰻魚店的那個時候，市場上野生鰻魚的數量已經很少了，導致生意變得十分難經營。雖然店裡的營收不成問題，但關鍵的野生鰻魚始終無法取得，這讓我十分傷透腦筋。

過去在這鄰近一帶，像在金杉橋，就有兩家專門引進東京灣鰻魚的批發商；而除了東京灣的漁獲外，也有一家批發商賣的是來自利根川及岡山縣兒島灣、九州的柳川等地的鰻魚，我的食材都是向他們進貨的。但是到後來，當這些商家都愈來愈難取得野生的鰻魚時，我只好每天起一大早，騎腳踏車到浦安或千住一帶去採買。

到了昭和三十三年我考上駕照後，採購的工作就變得輕鬆許多了。但問題卻接踵而至，這時候卻是連千住的批發商那裡都買不到野生的鰻魚。

可想而知，到了戰爭期間，想要取得一條野生鰻魚更是難如登天。於是父親會在一大清早從兩國搭乘火車前往現在的潮來（茨城縣）去採買來自霞浦的鰻魚，並在當地先將魚先處理好，然後一路帶著食材於深夜趕回來。而為了防止魚肉腐壞，燒烤的動作還得趕在當天進行，如此隔天才能端上桌給客人吃。在那個經濟活動受到政府高壓管制的年代下，小老百姓也只能靠自力救濟了。

正因為看過父親吃苦的模樣，讓我有所警惕：「人絕對不能坐以待斃，一定要試著把觸角往外伸，所謂的『狡兔三窟』就是這個道理。」於是我從利根川的批發商開始，慢慢地將合作的對象拓展到更廣、更遠的地方。

但即便如此，仍然不能保證野生鰻魚隨時想要就拿得到。因此，在昭和三十六至四十八年間，本店現址的這棟大樓尚未落成完工前，每到冬季幾乎完全買不到野生鰻魚，那時候只好關門休息。當時的我們還會努力撐到十二月，然後就一直休息到隔年的四月份鰻魚再度上市爲止。也因爲此舉，博得客人幫我們廣爲宣傳：「那家野田岩啊，沒有野生鰻魚賣就不做生意了！」我們對純天然鰻魚的堅持，就連我們的顧客也都一清二楚。而這也是我一開始投入這一行既有的想法。

話說回來，畢竟市場上的鰻魚店的不只「野田岩」一家，儘管贏得客人的讚許，但只要我們一休息，客人就會跑到別家店去吃養殖鰻。想來這也是無可厚非的事，畢竟客人想吃的時候就是一定要吃到。只是這樣的傳言愈聽愈多之後，在不得已的情況之下，本店也開始恢復在冬季做生意。另外，也差不多就是在這個時候，隨著我在日本橋的高島屋開設一家分店外，我的店也開始採用養殖鰻作爲食材。

儘管我對野生品種的追求依然長掛在心，但是站在一個經營者的立場，假設只能仰賴祖傳老店的名氣守成，什麼補救的措施也不做的話，客人終將會一個一個離去。這是我用切身經驗換來的心得。

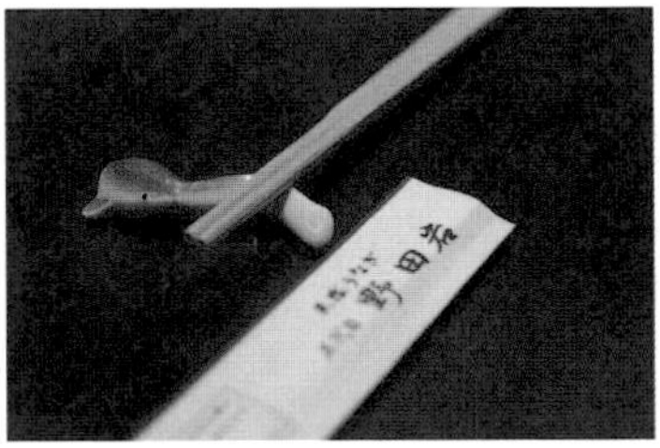

傳統與革新

一提到祖傳老店，大家腦海裡想到的都是謹守著過去的傳統、感覺一成不變的店鋪。當然，我並不是說這樣是錯的，畢竟有些好的作爲必須要堅持下去。比方說，前面一開始我提到的五個鰻魚處理步驟——剖魚、串籤、白燒、清蒸、醬烤——這個工序就絕對不能擅自更改。

只不過，完全照著老祖宗的作法一成不變也不行，所以我在佐料方面曾做過幾次的微調，一如先前所述，我把味醂的用量比例略微提高了。畢竟時代在轉變，人也必須與時俱進。舉例來說，我年輕的時候因爲經歷過戰爭，即使是學校這樣的教育場所，偶爾也會讓我們學生練習用一斗米（十升，相當於十五公斤左右）比賽舉重。反觀現在的人幾乎沒有什麼機會扛重物。不但如此，放眼車站或每棟大樓裡也都有電梯或手扶梯可使用，我們幾乎連樓梯都不用爬。光從身體的勞動面來看，現代人和以前的人可說有著天壤之別。既然生活形態大不相同，當然口味也會跟著改變。

以葡萄酒爲例，據說兩千年前人們喝的葡萄酒，味道其實比較接近醋的感覺。隨著時代的演進，才逐漸形成今日我們所熟悉的味道。想當然耳，從前的人過的是山野間的生活，勢必和現代人所追求的味蕾體驗大不相同。

愈是世代傳承的老鋪，愈是不能墨守成規。即便以身爲一名廚師來說，也要了解外面世界的變化，無法掌握時代的趨勢是會被淘汰的。

我從四十歲開始，便在朋友的推薦下參加了由《商業界雜誌》所主辦的講座。每一次講座，講師都會針對企業的經營理念及時代演變的趨勢等等，進行精闢的分析。尤其是近來這十年、二十年間，外在環境的變化更是迅速，爲了追上時代的腳步，我平均一年會參加兩次類似的商業講座。

包括後來我之所以決定在日本橋高島屋開設分店，也是受到《商業界雜誌》的啓發。記得當時全家人都反對我的提案，他們一致認爲沒有人會接受這樣的高價位，但是在我一意孤行，認定如果不在那樣人來人往的地方設立一家店，讓各行各業的人都有機會認識我的鰻魚飯，那麼我可能連自家的老店都守不住。

有做功課的人就會知道，在這樣一個瞬息萬變的時代，作爲一家祖傳老店，應該要去思考如何經營才能永續發展；相對地，什麼功課也不做的人，只會頑固地默默守成，絲毫不懂得要把頭抬起來看一下外面的世界。對周遭環境的變化也渾然未覺，什麼樣因應的措施也沒有，很快地他們將會發現，自己在不知不覺當中已經被時代給淘汰了！等到有所警覺的時候，客人早已經走光了，這是做生意的人最害怕的一件事。

野田岩與葡萄酒

若說有什麼別出心裁的經營手法，我想那是在昭和五十年左右，我開始在店裡面賣起葡萄酒的創舉！畢竟在當時那個年代來說，沒有哪一家鰻魚店會有這樣新鮮的經營法。

我個人接觸到葡萄酒是在四十多歲的時候。當時在他人的推薦下，我前往位於淺草一間家喻戶曉的名店「入銀」（使用松坂牛的牛排和燒肉專賣店）品嚐美食，我就是在那兒第一次嚐到葡萄酒。在此之前，我對葡萄酒完全沒有概念，所以一不小心便喝多了，害得我足足半個月胃都感到不太舒服。話雖如此，那酒還眞是好喝，讓我始終念念不忘。於是從此養成了每天晚上都要喝上一杯葡萄酒的習慣。

不久之後，開始有了想在自己家店販售酒類的想法。剛開始，先以搭配薄鹽白燒鰻推出一小杯慕斯卡德白酒[10]作爲嘗試。同一時間，我還在店裡面擺上來自法國勃根地產區一款名爲「Roulerie」[11]的小瓶裝白酒供客人點用。

另外，在本店的菜單上還有一道「魚子醬白燒鰻」（也就是在白燒鰻的表面擺上魚子醬搭配著吃的一道料理），那是我在學會喝白葡萄酒之後，私下好玩試做的，覺得還不錯就推薦給客人。昭和五十年代初期的魚子醬還很便宜，一公斤罐裝四萬日圓就購買得到，所以我也會拿它來做成茶泡飯，把客人餵得飽飽的。可惜近來魚子醬的身價已非同凡響，三十公克就要價兩萬日圓左右，現在回想起來，我們那時候還眞是奢侈啊！

3——傳承的技法、傳統

金本兼次郎的一天

平常住在店面樓上，固定早上四點鐘會起床，四點半下樓到店裡。通常這時候，那些年輕的廚師、學徒都已經早起陸續到店裡做準備了，於是我便展開當日處理鰻魚的作業。

店裡所進的養殖鰻每天都會從靜岡縣的燒津直送過來，至於野生鰻，則是一週兩次由我們自己人巡迴霞浦、利根川一帶採購回來。以前我還會參與採購的任務，不過現在多半時間都得留在店裡盯著大夥的作業，出門採購只能偶一爲之了。

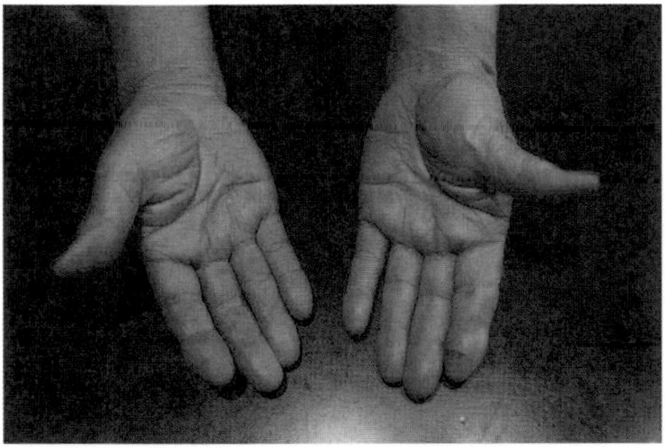

每當我開始進行處理鰻魚的作業時，那些小夥子們就會聚集到我身邊來見習。我會將剖開的鰻魚交給他們做後續的處理，然後換我在一旁觀看，如果還有殘留的魚刺未剔乾淨，我就會出手幫忙。如此日復一日地重複練習，大家自然而然就會愈來愈加熟練。

另外，還需視當天的需要，得趕在早上七點前去一趟魚河岸（築地市場），尋找鰻魚以外的食材，例如泥鰍。日本國內的泥鰍產量很少。說起來也有點不可思議，以前泥鰍這種東西根本沒人要吃，如今竟然還得仰賴中國進口才足以應付市場的需求。不過我的店是不用中國產泥鰍的，因爲並不受到客人的喜歡。

當我從魚河岸回來後會稍作休息，畢竟早上起得很早。休息一會兒過後，大約在十一點鐘我們會進行早會。通常大夥兒會視情況需要，可能提前在十點半就自動集合了。

忙完午餐這一波人潮後，換我上場負責燒烤的作業。我會一直忙到傍晚，然後視烤台的情形，如果火候都可以維持穩定的話，我就會交給年輕人去做。而在過程中一旦發現狀況不太對，我就會立刻再接手，讓助手稍微看一下我是怎麼做的之後，彼此再回到自己的工作崗位上。本店打烊的時間是晚上八點鐘，待大夥兒再稍微整理一下環境過後，我大約會在八點半左右上樓休息。

鰻魚這種東西，你如果沒有每天親手燒烤，是烤不出自己想要的色澤來的，那麼又怎能期待它的美味呢？所以，當年輕人做得到的時候就要盡量讓他們做，否則等到他們四、五十歲的時候，恐怕也都還烤不出像樣的顏色來。可能他們會的只有模仿，卻烤不出道地蒲燒鰻的色香，不過外行人光用肉眼其實分辨不太出來，只有功夫底子夠紮實的資深料理師傅才懂得辨別其中的好壞。

過去我們的烤台會架設在客人看得到的地

方，原因是顧客希望看到我本人在烤鰻的模樣。畢竟，有些客人是從父親那一代就開始來光顧了。

可是當年輕一輩技術學成了，你不讓他實際操作也不行，更何況他們本身也會有執行的慾望。你不能以「客人就是想看到我本人親自燒烤」爲藉口，明明曉得你不讓年輕人操刀，他就永遠無法出頭，這樣無異於直接將優秀的人才掃地出門。如此一來，將可能造成他的人生就此失去存在的意義。所以我才會把烤台挪到客人看不到的後方區域，讓大家都有機會可以輪流烤。

貨真價實的技術要傳給下一代

我在早會上都對年輕人說的，不外乎怎麼做可以讓客人用餐更愉快、大家要用什麼樣的心態來面對工作才會做得開心……等等。種種歸納起來，離不開「如何讓我們的人生過得豐富而有意義」這個觀念。至於賺錢一事，我則是隻字未提。

每年我都會帶店裡的女服務生去那些高級的法式餐廳見習一、兩次，平常只要一發現她們的應對有問題的話，就會立刻提醒她們：「我們上回去的那家店，妳有沒有發現類似的狀況？」通常得到的回覆都會是「沒有」。於是我會接著這麼說：「既然如此，那妳現在這樣做不覺得很奇怪嗎？」之後，對方就能理解我的意思了。

爲了希望這些學料理的年輕廚師、學徒能夠老老實實地學到基本的功夫，並好好地將它延續、傳承下去，我經常會對他們精神喊話。畢竟現在世道艱難、生存不易，客人願意來到店裡面消費是我們要感到慶幸的事，這點我必須要讓他們理解。

但我並不想要去嚴格要求他們鞠躬一定要多少角度這樣的事，因爲這件事難道是你說了

他們就會滿心歡喜地做嗎？我想不太可能吧！你如果沒有讓他們發自內心對客人的光臨感到感激，他們是做不出你要的禮節與應對的。所以，在我的店裡沒有禮儀上的規範，我只有苦口婆心不斷地向他們強調，要用心去思考如何做才能讓顧客感到賓至如歸。

我自從接手店的經營以來，始終都在思考著該如何培養年輕一輩的廚師，經過深思熟慮後發現，終究還是得回歸到基本技術面的傳承。我必須將自身所學習到的手藝紮紮實實地傳承給下一代才可以。這不僅僅只是「野田岩」內部的問題而已，即使考量到業界整體的發展，我也同樣認爲沒有比培育出專業的廚師，讓他們可以用健全的心態把自己工作做好更重要的事了。

玩樂也可以培養人才

身而爲人，就應該趁年輕的時候痛快地玩，這樣才能儘早把我們身處的這個社會裡裡外外的規矩都摸清楚。這句話，恐怕也是要到了我這把年紀才有資格說吧！年輕時先把利害得失放一邊玩個徹底，這樣你才能從中體悟到做人的辛苦，並養成能屈能伸的性格。否則，不這麼做的話，等你到了一定的年紀，將會變得非常難以相處。

比方說，我每年都會約我的老班底一起到淺草的花柳街玩上幾回。說到這裡，我不免要表示遺憾，因爲現在有藝妓坐檯的宴會場所已經愈來愈少了。而花柳界這個圈子，可說是一種一旦沒落了就很難再復甦的文化。這也就是爲什麼我們招喚藝妓的時候，都非得要大聲嚷嚷製造騷亂不可的原因。

關於這個圈子，我很清楚它的內情，因我從小就幫忙店裡外送的關係，經常出入風月場所，加上從父親那裡聽來的八卦也不少。去逛花柳街的時候，你如果出手太吝嗇會被人家嘲笑；相對地，出手太闊綽的話則成了冤大頭，也同樣會遭人笑。這其中分寸的拿捏，就要靠我們趁年輕時（反正怎麼樣都會被人家叫作「笨蛋」）拚命玩樂來取得經驗了。只要你把握好原則，別陷進去就可以了。

對於未來想成爲一家店的經營者來說，這樣的人情世故不可不熟稔。因爲你身上背負著一家店招牌的興衰責任，自然不能讓對手輕易地發現你的弱點所在。

從小的時候，父母就經常對我耳提面命：「你肩上可是擔負著『野田岩』的名聲，千萬別做出什麼丟臉的事來。」為此，父親還特別提醒我，「要喝酒跑遠一點，別在這一帶！」因為家裡是做生意的，而人只要一喝了酒，任憑酒品再好，大聲嚷嚷總是無法避免，被街坊鄰居看到會產生不好的印象。所以說，要喝酒的話就到別處去喝。由於家父本身也是個很會玩的人，我在他身上算是學到了不少經驗。

在父親掌店的那個年代，前一天外送的菜，隔天就會去收款，於是父親會把收回的盤碗都寄放在鄰近的墓地裡。在拿到營收的錢後，就和他那一票同為酒色之徒的廚師朋友們前往位於品川的風化場所玩。當父親不小心把他手上的錢花光時，便會向其他同行師傅借調，如此循環下去，等於玩樂沒有止境。

昔日，在緊臨京濱的鈴森（即現在的品川區南大井）前方不遠處，有一家知名的螃蟹料理店，當時父親一夥人也會去那裡打牙祭。但因為那裡的女服務生態度不佳，聽說父親還曾經把店裡的榻榻米全都翻了過來。儘管那家店的榻榻米多達六十張以上。雖然父親並非毫無理由地惡意鬧場，但是要將現場完全恢復原狀也的確得要花上一番工夫。而當老闆的人就要有能耐聰明應對了，一般人會生氣的場合千萬不能動怒。顯然這家店的老闆深諳此道，原因是他年輕時也在外面混過，類似的場面見多了。而父親也因爲老闆態度良好的關係，日後仍繼續上門光顧，父親玩夠了之後就由我接棒。我常跑的幾家店，例如位於新橋的小酒館，其實都是父親習慣光顧的店家。偶爾父子倆會不小心在同一個場合撞見，當時說有多尷尬就有多尷尬。

以前那個年代就是如此，連吃喝嫖賭都可以代代相傳啊！

店家資訊／「野田岩」鰻魚

地址：東京都港區東麻布 1-5-4

電話：03-3583-7852

營業時間：一→五 午 11:00～13:30
一→五 晚 17:00～20:00

休息日：每週日

營業時間與休息日偶有變更情形，詳情請洽各店。（平成二十一年一月）

金本兼次郎

對小野二郎的印象

二郎先生常常上我的店吃飯，可惜的是，我雖然經常念著要去吃他做的壽司，卻始終沒有什麼機會。因爲我們八點半才打烊，那時候，二郎的壽司店早也已經關門了。不過我的孩子們倒是在中午時段到他的店用過幾次餐。

我對二郎先生的印象就是耿直踏實，隱約有點老古板的味道。非常專注於他壽司師傅的角色，非常令人敬佩的一個人。放眼今日有多少廚師一旦坐上老闆的位置，就什麼事也不做，全部丟給底下的人去執行？但是二郎依然親自站在第一線服務，同時還能讓年輕人跟他一條心一起奮鬥。從身爲一名專業的料理師傅，窮盡一生只爲做好一件事的態度來說，我覺得他和我算是同一類人。

從他的店面會設在銀座那種地方來看，不是內行人不會想到這麼做的。所以我猜，二郎先生年輕時應該也有過一段喜歡玩樂的荒唐歲月吧？

對早乙女哲哉的印象

早乙女先生的廚藝沒話說，只要是和天婦羅有關的，他都能洋洋灑灑對你說出一番道理來。就連女人相關的話題，他也可以毫不遮掩地和你公開討論。無論對於事業或是個人的生存之道，感覺到他都很有自己的一套想法。光就這一點，我就認爲他很了不起！是非常棒的一個人！

也由於他的特立獨行，或許看在某些人眼裡很不以爲然，不過我個人倒是覺得，做人如果可以活得像他那樣瀟灑也是件很幸福的事。至少我自己還做不到那樣的程度（笑）。

生而爲人，假如一輩子都只是正正經經工作、努力賺錢，從不吃喝嫖賭，或許也算是種幸福。不過我認爲，趁年輕時候要玩盡量玩，充分體驗人活在世上是怎麼一回事，並且獨樂樂不如衆樂樂，這不也是令人稱羨的一種幸福嗎？假如只因爲自己以手藝爲生，就一古腦地埋在鑽研技術的領域，渾然不知外面的世界，這樣的人生未免也太枯燥了。畢竟做料理是充滿想像的世界啊！

一問一答／以相同的問題詢問三位大師／

金本兼次郎

一 何謂「粋」？

深諳人情世故卻不輕易外露的人；即使外露，言行舉止也會自然不著痕跡。

二 何謂「料理」？

你愈享受你的人生，你做出來的料理就愈是好吃。這樣，你的客人也才會吃得開心，不是嗎？

三 何謂「一流」？

料理的基本功很到位，對烹飪一事也有相當程度的了解。

四 何謂「流派」？

我們哪有什麼流派！不過是按照「江戶前」的傳統作法罷了。

五 您如果沒有成為廚師的話，會想從事哪一行？

電車司機。我有個伯父住在大森[12]，以前我去他家玩的時候，光是看特急列車[13]（「燕」、「櫻」號）在鐵軌上跑，就可以看上好幾個小時。

六 您的勵志銘為何？

「只要有客人掀開我們的門簾走進來，就務必要使他盡興而歸」、「單獨前來的顧客更是要好好款待」——這兩句話都是父親告訴我的。

七 您有特別迷信什麼嗎？

沒有。這種事我都盡量地不去在意。

八 假設明天就是世界末日的話，您最後的晚餐想吃什麼？

我想待在家裡吃老婆做的味噌湯和生菜沙拉，配上一碗熱騰騰的白飯。雖然這是我平常吃的食物，但假如明天這個世界就消失不見的話，我想吃的應該還是這些菜色吧！

營業中
野田岩

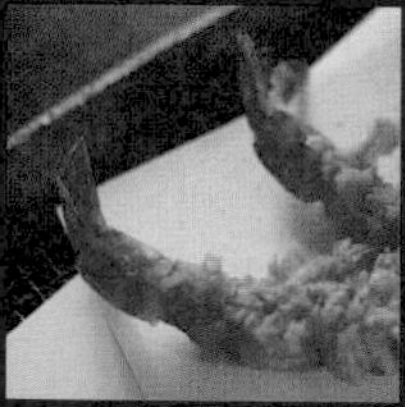

理論與感性兼備的
天才料理師。

早乙女 哲哉

三河 天婦羅

「想要出類拔萃，就要經得起刻苦耐勞。做料理這件事，就是男人的工作。」

1——關於天婦羅的事，知之甚詳的職人

「蒸」與「燒烤」同時進行

當我們品嚐過天婦羅後覺得「好吃」，這個「好吃」的關鍵，你若深入去分析的話，可以分爲「甘甜」和「鮮美」兩部分。

以蝦子來做比喻的話，即使是同樣一隻蝦，你吃蝦頭或蝦肉的部位就是截然不同的味道：身體的部位會比較接近「甘甜」的滋味；至於蝦頭，大家都是爲了嚐它的「鮮美」，而非爲了「甘甜」。既然我們在味覺有不同的追求，那在烹調上自然也該有不同的作法。

蝦肉的部位講求的是趁新鮮時下鍋油炸，時間需控制在二十四至二十五秒間。一旦超過這個秒數，它天然的甘甜味就會整個消失不見！當你炸到二十四秒的時候，蝦肉中心的溫度大約會在四十五至四十七度左右，正好是我們一般溫酒的熱度。這

個溫度是我們人在吃東西時最能夠感受到甘甜味的度數。既然特定的溫度可以激發我們的味蕾去發掘食物的甘甜，那麼我們在烹調的時候就應好好地善用這一點。

炸好的蝦肉你若把它切開來看，會發現它的正中央呈現半生不熟的狀態，雖然帶有一點溫度，卻不至於燙舌。當炸到這樣的程度，就能把蝦子的甘甜味給帶出來。

至於蝦頭的部位，則必須持續炸到它的鮮味釋放出來爲止，時間上大約控制在兩分鐘左右。兩分鐘其實很長，你如果對一個不懂做菜的人說「炸久一點」，頂多他也只會炸到一分鐘或一分半鐘就拿起來了，那樣蝦頭是不會好吃的。當你感覺到「好像快炸好了」的時候，記得拿筷子的手在油中再多停留一會兒準沒錯！蝦頭就是要炸到通透徹底才會好吃，其分寸的拿捏有如相撲選手正踩在邊線上，再多一步就要被判出界般的緊繃狀態。

經由這樣的烹調過程所釋放出的鮮味，含水量多寡幾乎可說是關鍵。食材當中的水分要如何控制？應保留多少？決定著食物最終的鮮美程度。

說到天婦羅，大家一定會覺得「就是炸呀！」事實上沒那麼簡單。不論是外面

裹的麵衣或是魚肉本身，其實都含有水分。當食材在含有水分的情況下加熱，油炸物本身就不能超過一百度高溫。與其說是用炸的，倒不如說是用一百度的高溫來「蒸」還比較趨近事實。

當你將處理好的食材丟進油鍋裡，它的水分就會慢慢蒸發。而水分一旦蒸發後，油炸物的溫度會瞬間從一百度飆升到接近兩百度，這時候食物等於是在兩百度的高溫下「烤」的狀態；反過來說，假設食材所含的水分並未完全蒸發，那麼食物等於停留在一百度「蒸」的狀態。歸納而言，同樣是天婦羅，卻會在製作的當中依照條件不同，區分為以一百度「蒸」和兩百度「烤」的烹調方式來進行。當你有了這樣的概念之後，手上的魚究竟該在哪個部位沾上麵粉？或者不沾會不會比較好？麵衣又要裹到什麼樣的程度才算恰當？這些問題都可以由自己來做決定。

以日本沙鮻[14]為例，如果你想要強調的是沙鮻的鮮美，那麼你就要盡可能地將牠的水分給完全逼出來。因為這種魚嚐起來沒什麼味道，但是你可以藉由含水量的調節，讓牠原始的魚肉味道變得更突出，你將會驚歎「原來沙鮻也可以這麼夠味啊！」

不過有一點要注意，即便是要去除水分，也不能整條魚從頭到尾全裹上麵衣。由於魚皮的部位水分蒸發得特別慢，所以你只能取魚肉的部分均勻沾上麵粉，然後放進油鍋裡炸，這樣做出來的沙鮻天婦羅才

會好吃。

另外，像是星鰻這種魚，牠的表面滑溜滑溜的，那是由魚鱗演變而來的。很多人都不喜歡生吃星鰻時的那股生臭味，但是只要將牠的表面稍微烤過後就會變香，瞬間愛上牠的滋味的人還眞不少。因此，在處理星鰻的時候，建議先將整條魚裡裡外外徹底地裹上麵衣，接著利用麵粉缽的邊緣迅速將連著外皮的那一側麵粉刮掉，然後再下鍋油炸。如此一來，有魚皮的那一面因爲沒有沾附到麵衣的關係，水分就會蒸發得比較快，形同用兩百度的高溫「烤」，完成的天婦羅味道就會比較香。

解釋到這裡，如果還有人聽不太懂，仍一昧地認定「做天婦羅，不就是把材料全丟進油鍋裡隨便炸就好了嗎？」這樣你一輩子也做不出像樣的天婦羅來。你一定要有個概念：天婦羅這種東西，同時間它既可以「蒸」也可以「烤」，效果全憑你製作出來的麵衣是什麼樣的形態、麵粉又是如何沾的來做決定。也唯有悟出這個道理之後，你才有資格向人炫耀：「我這天婦羅炸得眞好！」

凡事都有它的道理

天婦羅的製作，依照不同的魚種、不同的蔬菜，所要注意的油溫和麵粉的處理方法都不一樣，但絕對都有它的道理在。一般人都是憑經驗覺得「大約這個溫度就可以下鍋了」或者「這樣的時間差不多炸好了吧」，卻幾乎從來沒有人想要認眞探究這樣的經驗法則到底對不對。這樣做出來的菜我們美其名稱爲「料理」，事實上卻離所謂的烹飪藝術還很遠。

舉例來說，爲什麼這種魚要做成乾貨？爲什麼那種魚要用鹽醃？而有的魚又要做成醋漬口味？爲什麼有的魚用燉煮的方式？有的要油炸？有的又要燒烤？而同樣是燒烤，爲什麼有的材料可以直接在火上烘烤？有的卻要離火遠一點？有的還要先添油再烤？以上這些問題若沒有好好地加以思考釐清，做事只會「憑感覺」、「差不多就好」的話，那麼你這輩子的成就頂多也就到這裡爲止，不可能再往上提昇了。

炸地瓜的時候也一樣，通常外行人會用筷子戳戳看，能夠刺穿地瓜就表示熟了，然後便關火停止油炸。事實上，這樣炸出來的程度都還不夠。

我們炸天婦羅的目的是爲了要吃好吃的東西，那和食物有沒有熟透有什麼關係呢？只管食物有沒有熟，就和在意地瓜有沒有毒或者人能不能吃，是同樣水平的問題。那個不能稱之爲「料理」，比較像「飼料」！

地瓜的澱粉含量比例很高，而澱粉遇熱時會轉變爲麥芽糖，麥芽糖若持續加熱到接近一百四十度時，最後會化爲液態的糖漿。你只要認識到地瓜在加熱過程中會轉變爲糖分這一點，那麼從它有沒有熟透的程度你就可以判斷，大概再炸多久它就會轉化爲糖了。

我們常聽老一輩的師傅說：「炸天婦羅最理想的溫度是一百八十度。」爲什麼是一百八十度呢？幾乎沒有人仔細去想過這個問題。因爲油溫達到一百八十度就會開始冒煙，換句話說，也是油因爲自體溫度過高而開始感到「疼痛」的點。所以大家才會口耳相傳：「油溫達到一百八十度時，就要停止油炸。」

問題是，現在的油品和以前的性質大不相同，像胡麻油即使加熱到將近兩百度也不會變質，而沙拉油發煙點（冒煙的度數）又更高了，加熱到兩百三十度也沒有問題。因此，若要事半功倍的話，最好多多使用沙拉油來油炸，這樣不僅油不容易變質，也能迅速達到我們需要的高溫。不過，如果是考量到味道要好的話，用胡麻油來炸天婦羅其實會比較香。究竟是要選高溫耐炸的沙拉油？還是要能提味的胡麻油？就看個人從哪方面來考量了。

或許有人會感到好奇，明明有那麼多烹飪手法可以選擇，又何必一定要做天婦羅呢？理由

是，油炸天婦羅可以充分發揮油本身所具有的絕佳脫水效果。如果你想要在廚藝上精進自己，就不能不知道這一類的基本常識，有系統地整理並培養正確的概念是很重要的。

理論的極致

有些人會叫我「理論派的早乙女先生」，原因是不管別人問我什麼樣的問題，我都有辦法給出答案，即使是科學性的知識，我也同樣來者不拒。因爲在我的觀念裡，身爲一名料理人，如果連我自己都說不出一個道理來，那就不配稱爲大師了。

我從十幾歲開始就一直和一些陶藝家和藝術創作者往來，透過和他們討論、交流，我受到不少觀念上的衝擊，慢慢地也形塑出今日屬於自己的一套獨特思考來。

在這群自詡爲藝術家的夥伴當中，有不少人都具備著高度探索新知的精神。舉例來說，你如果不懂得砂土的質地變化，就不可能進行燒陶；你若對漆樹的性質不了解，就不可能懂得如何調漆、如何上漆；對於某方面專業的知識，你如果缺乏追根究底的研究精神，是不可能創作出具備眞正價值的東西。

我在炸天婦羅的時候也一樣，一旦有意外的狀況發生，我就會立刻回頭檢視，看看問題是發生在哪個階段，又爲什麼會出現這樣的狀況。而這些功課是平常就要做的。

我特別喜歡觀看有關實驗性或探討科學知識的電視節目，甚至還曾在《所先生嚇一跳！》[15]節目（日本電視系列）裡客串演出過，當時參與的是「珠穆朗瑪峰山頂上的氣候條件來炸天婦羅會出現什麼樣的狀況」爲主題的內容。

當我身邊的人一聽到節目的主題時，反應不外乎「想就知道不可行嘛」、「難不成要躲在冷凍庫裡面炸天婦羅喔？那可是零下三十度耶！做這種實驗有什麼意義嘛」，但我認爲就是因爲它設定的條件很特殊，可能會出現以前想都有沒想到的狀況，很值得研究。

而我這個人的個性是，一旦答應別人要做的事，就會盡全力在事先做好一切的準備。因此，我花了很長一段時間模擬在預設的條件下炸天婦羅可能出現的狀況，以了解可能的實驗結果會是爲何；如果和我預想的狀況不同，那麼原因又出在哪裡？透過一次又一次的實驗，逐步將自己的心得記錄下來，並理出一套邏輯。

以世界第一高峰珠穆朗瑪峰來說，海拔最少有八千公尺以上，是非常危險的一個地方。因此，製作單位將實驗的地點拉到五千五百公尺高的地區，讓我在那裡做天婦羅。

當我將天婦羅丟進熱油裡面後，儘管氣壓不同於平地，但我總認爲應該不至於會有太大的影響；然而當我實際操作後發現，我的想法是錯的！於是我仔細推敲其中可能的原因，發現原來是麵衣本身含有水分，加上食材當中也含水，而這些水直接影響了烹調的結果。不像我平常炸天婦羅，從一開始就是油在主導整個炸的過程。

前面我所提到的「蒸」、「烤」同時發生的概念，也是透過這次的實驗首度發現的。而你一旦搞懂烹調的原理後，就可以隨心所欲地發揮創作。無論是麵衣的形態、麵粉的沾法，都可以由你自己來做決定。而透過這樣的訓練所學習到的技術，是一輩子跟著你，任誰也搶不走的功夫。

淬煉出感性

對我個人來說，生活中不能缺少理論作爲基礎。不過，若光是懂得學術性的理論，並不能保證你就能夠成爲一名出色的廚師，你還需要一樣東西，那就是感性。唯有理論與感性兼具並完美融合的情況下，你才有可能創造出好的作品來。

所謂的「感性」，指的就是對事物的看法。通常我們只要張大眼睛，面對面地正視眼前的事物，應該都不難理解出它的大致樣貌。

以我個人來說，當客人從推開店門走進來的那一刻起到坐下來爲止，這短短幾分鐘的時間，就足以讓我能夠大略掌握他的出生和成長背景。你只要從他臉上的表情、動作、說話的口吻和走路的姿勢、步伐大小、身上穿著衣服等等，就能衡量出這個人的身分地位。他會是個很強勢的人嗎？或

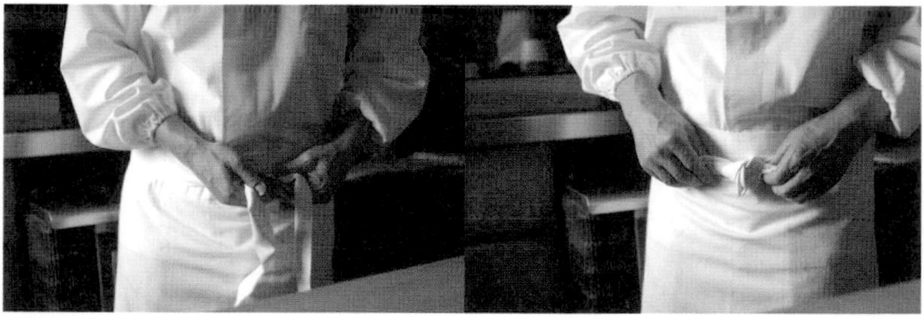

者，其實也沒那麼威嚴呢？這一小段時間腦海裡乍現的吉光片羽，就足以讓你瞬間悟出，你要服務他到什麼樣的程度才能令他感到滿意。

當客人在品嚐我做的料理時，我也會仔細觀察他嘴部的變化，藉此全盤掌握每個客人的反應，「現在他的舌頭已經嚐到那個味道了……嗯，他一邊忍耐一邊繼續嚼……應該是大眼牛尾魚的味道有點嗆，令他想要壓抑舌頭的那股麻刺感」。然後，我會稍等一下再推出下一道。通常這個時候，我都會聽到客人給予正面的讚美：「果然好吃！」只要你懂得在最適當的時機提供給客人他想要享受到的美味，那麼食物便沒有難吃的理由。

以上這些觀念，都是父親傳授給我的。

小時候，自從父親買了電視回家後，他就經常會收看日本國民體育大會的比賽轉播，當時的我還曾經和他一起看過女子的射箭比賽。說到射箭，過去的電視螢幕尚未有分割畫面的功能，自然不可能同時顯示出選手放掉弓箭以及箭射中標靶的畫面。但說也奇怪，父親只要看見選手放掉手上弓箭的那一刻，就能立即預測出結果是「中了」還是「沒中」，準確率百分之百！

當我對此感到驚奇不已時，父親告訴我：「弓箭要射中標靶有它獨特的形態。一旦形態對了，射中標靶便是意料中的事。所以說，你只要觀察選手放掉弓箭的那一瞬間，就猜得到它會不會射中了。」

觀賞相撲比賽的時候也一樣，父親表示「哪一邊實力比較強，在雙方面對面就定位的那一刻就可以看出來了。只要選手的腰夠沉穩，即使他只有五十公斤重，也可以瞬間變成一百公斤的大塊頭，讓對手搬不動。」

從此以後，我便開始學習用父親的方式來觀察我所接觸到的人事物。例如欣賞太鼓演奏時，我只要看擊鼓的人下半身是怎麼蹲的，就知道他敲出來的聲音恐怕差強人意。在日積月累的訓練之下，漸漸地，我看事情的角度便愈來愈準確。

2——天才職人的誕生

父親的回憶

從五歲開始我就幾乎和大人一樣在工作了。五歲開始送報，上小學之後就學會自己開收據、到客戶處收款，有喪事就代表家人出席去弔唁，有婚禮就送上祝賀禮。總而言之，只要對方是我送報的客戶，和他一切有關的事務便都是由我打點。當時，報業經銷是家裡賴以為生的主要工作，為了塡飽肚子，必須全家總動員。

我的父親在我眼中是個很了不起的人物。他總是清晨五點鐘就出門送早報，等到他回到家時已經是下午三點至四點鐘了。為什麼會這麼久呢？因為他每到一家客戶那裡，就會和對方商討一些事情或者閒話家常，以致於明明送的是早報，卻要拖到傍晚才能送完。若換作是別人，恐怕免不了要聽到客人抱怨怎麼送得那麼晚，但就因為是父親，大家都已經心裡有數，知道他大概什麼時間會到，所以每個人都只

會泡好茶靜靜地等他上門。

換句話說，父親對他們來說已經不只是個派報的人，而是只要他幫得上忙的幾乎無所不包的「萬事通」。而家母也不遑多讓，上了年紀之後，母親便開始身兼婦女會會長、民生委員一類的職務，林林總總的頭銜加起來竟然有十八項之多！只要自己體能上做得到的、時間上應付得來的，幾乎來者不拒。能做的盡量做，無須計較個人的利害得失。這，就是我的父母親。

直到今天，我不曾遇見過有哪個

人像我父親一樣十八般武藝樣樣精通。因爲在我有生的記憶以來，從未見過他慌張失措的模樣。

我是個謹愼小心的人，總是忍不住會去在意周遭人的眼光。以前，只要有年輕的女孩子來店裡吃飯，我就會忐忑不安地一直擔心她是不是在看我；客人稍微囉嗦一點，我就會忍不住動起氣，想設法在顏面上扳回一城，讓他無話可說……。總之，對於身邊人的反應，我始終耿耿於懷。

但父親就不同了，他總是一副泰山崩於前面不改色的模樣，維持著一貫的慢條斯理，不管發生什麼事都無法打亂他個人的節奏。我想，到我死之前，我一輩子都追不上我父親的偉大。

在我中學即將畢業的時候，父親曾對我說：「你在學校所學已經足夠，現在出社會是沒問題的。」父親的觀念是：眞的感覺到自己有不足的地方，才去念高中；如果念了高中還覺得知識不夠用，再去念大學。不過，因爲他看我做起事來還算俐落，便認爲我應該足以應付大人的世界。於是在父親的鼓勵之下，我正式脫離父母庇護的羽翼，獨自出門闖蕩。當時的我十五歲，剛從名爲「父親」的社會大學畢業。

上野廣小路的「天庄」入弟子列

我離開了栃木縣的藤岡來到東京闖蕩，是在我中學畢業沒多久的事。

我從小就立志長大要開一家壽司店。所以從小學三年級開始，家裡的飯都是我負責煮的，而大人們總是稱讚我：「哲哉好會煮飯喔！」每當我們要吃壽司的時候，當天的飯我就會煮得稍微硬一點，魚肉則是早上就準備好，然後全家人會一起捏壽司。或許是因爲這樣的緣故，讓我覺得壽司特別美味，從此便立志成爲一名壽司師傅。就連國小的畢業紀念冊裡面也明白記錄下我當時的想法。

就在即將舉行中學畢業典禮的八天前，剛好有位父親的朋友說要介紹我去壽司店工作，於是我便隨他來到東京。而在我們正式去拜訪壽司店之前，得先解決五臟廟的問題，當時我們走進了一家賣天婦羅的店，那是位在上野廣小路的「天庄」。

我們用完餐準備離開的時候，那位長輩走到櫃檯要結帳，店家卻告訴他「今天老闆請客」，說什麼也不收他的錢。我見狀忍不住開口問：「難不成……您一開始就是要介紹我到天婦羅店工作嗎？」我猜，只要我一鬆口，「其實不是壽司店也沒關係」，對方就會承認他根本是要介紹我來天婦羅店吧！而且，他應該是暗中和父親串通好的。

　我從五歲開始就和一群大人一起工作，對於察顏觀色這種事還滿在行的。事情發展至此，我也只好無奈地被迫接受，「天婦羅店也可以。」一聽到我的回答，那位長輩趕緊接口說：「比起壽司師傅來，炸天婦羅的薪水比較高喔！」根據他的說法，炸天婦羅一旦學成出師，平均一個月可以拿到三萬日圓左右的薪水。以當時那個年代來說，在學校教書的老師起薪約七千日圓上下，相較之下，當個天婦羅師傅其實也沒什麼不好。

事情一底定之後，後續的進展可用如火如荼來形容。當我從學校畢業的兩天後，我穿著學生制服就來到了東京，並在當日的白天就開始參與店裡的勞務工作。

三十歲時獨立

我自立門戶開設以「三河」爲名的天婦羅店，是在昭和五十一年，當時距離我滿三十歲還有兩個月。

希望趕在三十歲前自立門戶，是從我進入「天庄」習藝的那一刻起所立下的目標。我要在三十歲擁有一家屬於自己的店面、四十歲前購屋置產、五十歲前則希望可以打造一間藝文沙龍，供身邊各類藝術創作者在此聚會交流。

然而，在過些時日之後，我開始對「老實說我

一直想要……」的說法感到厭倦，進而改變口吻，逢人便宣誓：「我要在三十歲前開店！」我的想法是，一旦我明確地將它說出口，那麼無論最後夢想有沒有實現，多少總會做出一點成績來吧？就算最後店面只有一、兩坪那麼一丁點大，只要勉強可以做生意，我也會努力不把機會給搞砸。但我壓根不敢把事情想像得多美好。

當時的我根本萬萬沒有想到，有一天，當人們提到天婦羅時就會想到「三河」這樣幸運的事。儘管我對自己的本領很有信心，但若要論料理的技術，其實也不比今日的我差到哪裡去。那麼或許有人會問：「照你的說法，那今天的你和過去究竟有什麼不一樣？」我的答案是——對於天婦羅所付出的「用心」有差。我在做每一道天婦羅時所投入的關注，絕對比過去要多上許多。

我剛開店的時候，身上擁有的技術大概只有那麼五、六招，幾乎會的全都使出來了。而現在，光是面對一種天婦羅材料，我大概就能萌生出兩百種至三百種不同的想法。我有自信，若要比拼創作的靈感，我是不會輸給任何人的。

我每炸一道天婦羅，必然會去找出它最完美的那個平衡點來，多一分少一毫都不行。不能只是差不多程度，而是要追求剛剛好的那個點。這必須將種種的可能性都列入考量，最後才有辦法炸出完美的天婦羅來。爲了這個目標，我賭上一切。

光說到麵粉好了，不管是麵粉的形態、所含的水量，以及溶解後經過的時間長短、氣溫、使用的頻率等等，都會導致它產生急遽的變化。就連使用的油品，也會因爲倒入鍋中的時間和溫度發生不同的變化。而說到魚，更是環肥燕瘦大不相同，每一條魚都需要專屬的對待。

在這些充滿變數的條件中，我必須將各種可能性事先設想好，才有辦法判斷眼前的魚要怎麼做才能呈現最完美的狀態。我如果沒有事先將這些事全部設想過一遍，就無法下手油炸。前面所提到的「我可以萌生出兩百種至三百種不同的想法」，指的正是這樣的事。

3——貫徹、傳承江戶前

自己創造出自己

即使我們下了這麼多的苦功只爲炸好一道天婦羅，但這樣的用心卻不便大剌剌地傳達給客戶了解。爲什麼呢？因爲這樣就不帥了！江戶前的師傅就是有本事做到像鴨子划水般，讓客人眼中的他永遠是一派氣定神閒的模樣。

我們之所以要這麼做的理由是，把自己揮汗如雨的工作模樣對外曝光，對客人用餐來說是一件很掃興的事。尤其是炸天婦羅這樣的食物，你看哪個師傅不是靠單手輕輕地在油面上撥弄兩下就好了

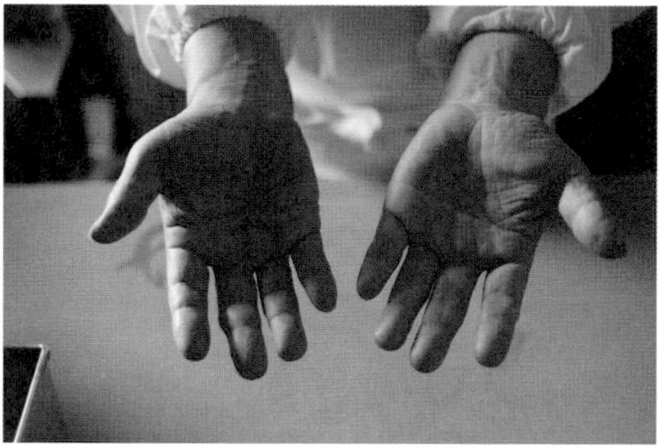

呢？以一個男人來說，可有比這更神氣的事嗎？如果不是看中這一點，我又怎麼會走上江戶前料理的這條路？

我不會讓自己完全埋沒在繁瑣的作業流程裡，我會偶爾會停下手邊的動作，仔細端詳眼前的事物。我不喜歡那種一逕埋頭苦幹，只沉浸在自己的世界，完全與外界隔絕的工作態度。

說到底，我就是個彆扭的人。正如我經常對身邊的人說：「你在日本如果有發現到哪個人個性比我還彆扭的，請介紹給我認識！」因爲就連我的胃，也都經常在鬧脾氣啊！

我們每個人的弱點只有自己最清楚，自然不能在外人面前隨意曝光。我們不就是爲了有朝一日在社會上走路有風，才一路苦幹實幹地拚命往上爬，才有今天的成就嗎？業界的每一個人對此都深信不疑，相對便顯得我特立獨行，所以他們常說：「我實在是不理解三河老闆的想法，他的所言所行完全不按牌理出牌。」然而，我就是我。

總歸一句話，每個人都要懂得妥善地創造、經營自己。

天婦羅店的經營也一樣，你要在乎的不只是食材的新鮮好壞，還有使用的工具優劣、技術面、服務人員的態度等等，這些全都要納入管理的範圍。當客人讚美你東西好吃的時候，你就該適當地回應：「謝謝，我們很用心在做。」

相反地，你有時候也會遭遇到客人毫不留情的比較，例如在你面前稱讚某家店的老闆手藝很好，或是別家店的食材用得比較好之類，畢竟一種米養百樣人，好的壞的評價都會有。只要你能夠將接收到的，不管是正面或負面的訊息，全消化為於己有利的最佳形式，並將它展現出來。或者，你懂得運用你的感性，將所有可能影響的因子去蕪存菁後，然後做一次完美的迸發，那麼此刻的你，已經具備了兵來將擋、水來土淹的傲人氣勢。

早乙女哲哉的一天

我每天進店的時間大約是傍晚五點鐘左右，白天我大多會去二郎先生那裡（「數寄屋橋次郎」）用餐。也就是說，我白天不會在店裡。通常我去二郎先生的店吃完壽司後，不是去茶館小酌一下，就是到我熟識的藝術家的展覽會捧捧場，然後才會回到店裡來。

食材的準備工作是大夥兒輪流做的。只是現在時代不同了，處理魚的工作幾乎得提前到前一天晚上的九點鐘進行才行。

由於江戶前的漁獲量很少，你必須前一天就把市場上有什麼樣的魚、數量多少、從哪裡進來的……等等的資訊一次搞清楚。多虧現在人人都有行動電話，船家會不會出船去捕撈？哪裡有出船？哪裡沒有出船？他們手上又有多少魚？都可以靠一支電話搞定。

從我進到店裡，一直到站在客人面前服務爲止，我沒有再做其他額外的事。就連我站上第一線、隔著吧檯和客人面對面的那一刻開始，也沒有太多的應酬話。

對我來說，站在吧檯前做料理與服務這件事，就等於是在販售你的每一秒、每一刻寶貴的空閒和呼吸。

這時有件事相對變得很重要，那就是「一尺五寸」的距離。一般日式料理檯的寬度為一尺五寸（約四十五公分），而廚房的砧板也同樣是一尺五寸寬。原因在菜刀的長度有一尺（約三十公分），砧板的寬幅如果沒有做到一尺五寸的話，切魚的時候刀子就沒有可以往後拉的空間。不僅如此，這個一尺五寸的神祕數字其實適用於我們生活周遭大大小小的事物。例如，兩根衛生筷接在一起也是同樣一尺五寸；而人握緊拳頭時最前端的部位到手肘的距離差不多是一尺，因此我們用餐時的餐桌（吧檯）大小就必須滿足一尺五寸的寬幅才行。

諸如此類種種的需求經過統計下來後，便出現了一尺五寸這個最小公約數。而這個數字在我的世界看來，就等同於日本國內最迷你的四季。這話怎麼說呢？在我的世界裡，春夏秋冬四季並非以三個月做單位劃分，而是當我來回穿梭在各個不同的一尺五寸空間時，那分分秒秒的時間差便決定了我的四季。我該如何將它毫無保留地表現在料理上呢？我又要如何分毫不差地讓客戶可以感受到不同的風情？於是，一個可以同時讓料理師傅和客人彼此間都享有一尺五寸餘裕的料理檯與吧檯便

應運而生。

對我來說，店裡什麼都可以變，就只有這座吧檯是千萬不能動的！畢竟我創業之初，就是從這麼一座小小的吧檯開始的。它甚至幾度出現在我的夢裡，害我在半夜都被自己突如其來的一句「天婦羅炸好囉」吶喊聲給驚醒。

在夢魘的陰影下，我每天帶著兩百至三百個靈感投入基本的作業當中，等到一日忙完結束後，大夥兒早已像洩了氣的皮球般筋疲力竭，只有我匆匆丟下一句「我去找女人玩樂去也！」

隨即消失無蹤。因爲我如果不去做這件事，那麼面對如此繁重的壓力，我可能會撐不下去。

你們也許會好奇，我幹麼要這麼拚命呢？理由是，我希望我的人生可以活得開心。我之所以兢兢業業做好我的本分，不讓別人有挑剔的空間，每天不斷累積自己的實力，爲的就是有朝一日可以出人頭地。因爲當有了一定的身分地位後，我也才有資格追求我喜歡的女子。我對女性是很尊重的，我總認爲自己要有個女人陪在身邊，我才能專注地做好我的工作。

在這段累積實力的過程間，你一旦意志鬆懈了，實力馬上就會往下掉。唯有不斷克服精神與體能上的障礙，你才有機會往上爬。只要你的地位提升了，自然有好事等著你。同樣的道理，因爲我滿心期待可以和女人開開心心地共渡一天最後的時光，所以我會格外認眞地炸天婦羅，這是眞心話。

學會忍耐的功夫

每次店裡只要有年輕夥伴加入，我都會對他們說：「你們可不是來學做料理的！你們要學的是和魚肉怎麼處理、天婦羅怎麼炸這些技術面一點關係都沒有，你們主要是來學忍耐的功夫。只要學會捺住性子，你就算悶聲不吭，工作也會慢慢上手。」

我不是叫他們「要忍耐」，而是要「學會忍耐的功夫」。你一旦掌握住忍耐的竅門，手上的工作自然能順暢進行。很多年輕人就是捺不住性子，才會撐不到一、兩年就拍拍屁股走人。

我個人的職業生涯中也有過幾次關鍵時刻，當時的我也都曾萌生辭職的念頭，只不過我都告訴自己：「現在先不提，明天再說！」漸漸地，我悟出一個道理，那就是忍耐。你只要忍耐一天、再一天，就可以一直持續做下去。

好比新進的人通常得從打掃工作做起，爲了讓師傅可以在良好氣氛下工作，你就要打掃得特別乾淨；當看見師傅正在炸天婦羅時，不用等他開口要茶喝，你就已經乖乖端上去；當他喊著要毛巾擦臉時，手邊早已經擺好一條等著他；在進行魚肉的前置處理也一樣，你應該要做到師傅還沒開口，你就已經知道他下一步想要什麼樣的魚。而能夠做到以上事項的秘訣在於，你必須把自己的敏感度訓練到和師傅同步才行。

當你能夠將師傅伺候得服服貼貼，讓他工作起來很順心的話，炸天婦羅又豈能難倒你呢？你只要稍加練習，自然能夠炸得和師傅一樣好。因爲食物的基本作法都是相通的。

就算一開始入門得從洗碗做起，你只要每天都把碗盤洗得晶亮，師傅看了心情好，工作自然順暢愉快，那麼洗碗也算是店裡很重要的一環。正如「三河」的灑掃清潔是「三河」的工作項目之一；「數寄屋橋次郎」的清潔工作也是它不可抹滅的本分。

面對這樣的工作內容，你要有捨我其誰的精神，設法將它做得更完美。這些看似不起眼的小小作業，日復一日將會累積成爲你個人不可忽視的實力。而過程當中所憑藉的，正是忍耐的功夫。

店家資訊

「三河」天婦羅

地址：東京都中央區日本橋茅場町 3-4-7

電話：03-3664-9843

營業時間：一→五 午 11:30～13:30

一→五 晚 17:00～21:30

例假日 午 12:00～13:30 晚 17:00～21:00

休息日：每週三

營業時間與休息日偶有變更情形，詳情請洽各店。（平成二十一年一月）

早乙女哲哉

對小野二郎的印象

我和二郎先生認識已經有二十五年的時間了，他眞的是個拚命三郎。我自己是個很懶散的人，絕對沒有辦法做到像我父親那樣。家父令人敬佩的地方在於，只要是他能力所及的事絕對義無反顧。換作是我，才不願意幹呢！這就是我和父親生存價值觀不同的地方。要我做有違自己意願的事，又要幹一輩子？想想那需要有多大的毅力支撐啊！

二郎先生面對著客人，總是以他一貫的速度俐落捏製著壽司。工作時的他渾身充滿了律動，空氣中彷彿存在著無聲的節奏，只見他不斷變換著完美的招式，動作與動作銜接處僅餘短短的空拍。以如此嫻熟定位的方式所捏製出來的壽司，美味豈非皆在意料之中？所以，當你要判斷食物好不好吃的時候，只要坐在吧檯前從四十五度角觀察一下師傅的動作，好壞立刻就可以分辨出。

對金本兼次郎的印象

我遇到野田岩老闆（金本先生）的時候，多半都和他的女兒在一起。每次我都是和他女兒聊天的機會比較多，因爲很奇怪的是，野田岩老闆只要和他的女兒在一起，就變得不愛開口。

我偶爾會去光顧他的店，不過他本人可能不太知道，因爲我不會刻意去向他打招呼。

我頭一回去「野田岩」用餐大約是在二十年前吧！當時，由《商業界雜誌》出面號召，組成了一個以餐飲業老闆爲對象的組織，稱爲「塘鵝俱樂部」，野田岩就是其中一個會員；而當時的我，是應雜誌社的邀請專程去演講。講座結束後不久，我便親自登門拜訪。

以前，我對金本先生的印象一直就是個感覺正經八百、不苟言笑的傳統料理師傅，不過這次的座談會（請參閱第2章）令我對他大大改觀，沒想到他本人很健談，表達能力也十分流暢，眞把我嚇了一大跳。

一問一答／以相同的問題詢問三位大師／

早乙女哲哉

一 何謂「粋」？

就是要經得起刻苦耐勞。

二 何謂「料理」？

簡單說，就是男人的工作。

三 何謂「一流」？

把看似理所當然的事做到眞正的完美。

四 何謂「流派」？

就是一種美學。

五　您如果沒有成為廚師的話，會想從事哪一行？

什麼也不幹，成天吃喝玩樂。

六　您的勵志銘為何？

……我不太喜歡的一句話是「努力」。

七　您有特別迷信什麼嗎？

沒有。

八　假設明天就是世界末日的話，您最後的晚餐想吃什麼？

只要有美人相伴，吃什麼都好。

第2章

三位大師對談・話說江戶前

「數寄屋橋次郎」壽司 ＝小野二郎＝

「野田岩」鰻魚 ＝金本兼次郎＝

「三河」天婦羅 ＝早乙女哲哉＝

美食評論家 ＝山本益博＝

政策研究大學院大學 ＝小松正之＝

”

——鰻魚．壽司．天婦羅……。

這次對談邀請到有「江戶前三大料理巨匠」之稱的小野二郎、金本兼次郎、早乙女哲哉三位大師共聚一堂，為我們展開一場別開生面的精彩對談。

另外，還有小松正之教授與美食評論家山本益博先生兩位專家的參與，他們將針對江戶前料理的來龍去脈，以及身為江戶前料理傳人該具備的精神與態度等等，為大家做深入的分析解說。

※本章節乃針對平成二十年一月於日本新宿調理師專門學校所舉辦的座談會內容，重新彙編發行的版本。

由江戶前獨特魚種孕育而生的江戶前料理

小松正之（以下簡稱為小松）

很難得江戶前三大料理的國寶級大師可以齊聚一堂。「江戶前」所指的究竟是哪個地方？

小野二郎（以下簡稱為小野）

大家都聽過江戶前料理，而說到這個「江戶前」，指的其實就是過去在江戶這一帶的海域捕撈到的魚。

小松　簡單來說，「江戶前」其實代表著多種意思，其一便是指靠江戶這一帶的海域，或是在這一帶所捕撈到的海產。這裡所說的江戶，指的就是「江戶城」；而它所面對的海域就稱之為「江戶前海域」，而在那裡所捕到的魚就稱為「江戶前的魚貨」。

不過現在，大家都把整個東京灣劃歸為「江戶前海域」。以前，在東京灣可以捕撈到各式各樣的海產，像是小野先生店裡所使用的小鰶魚、橫濱擬鰈[1]，以及各種貝類等。

金本兼次郎（以下簡稱爲金本）

鰻魚也是其中的一種。在東京灣捕獲的正統江戶前鰻魚，可說是我們最自豪的菜色。加上東京人在口味上也確實比較偏好自家地盤所捕捉到的江戶前鰻魚，或者是從台場近海捕撈到的鰻魚。

山本益博（以下簡稱爲山本）

聽說「江戶前」一詞的由來，是從鰻魚料理開始的？

小松　過去幾條連接江戶前海域的河川，例如多摩川、江戶川、隅田川、中川等，很容易捕到野生的鰻魚。在深川[2]一地，有條河叫作「小名木川」，根據地方上所流傳的一個說法指出，這個名字的由來其實源自於過去這條河盛產鰻魚，所以取名爲「鰻川」（UNAGI KAWA），但因爲有鄉音的關係，後來人們便訛傳爲「ONAGI KAWA」，也就成了「小名木川」。

位於江戶地區的這些河川，棲息著許許多多遠從太平洋上溯而來的鰻魚，因爲河川內的食物夠豐裕，便使得牠們在這裡落地生根。而等到長得夠大了，漁夫便將牠們撈起賣給商家，以「江戶前鰻魚」爲號召做成的菜餚，據說這就是「江戶前」一詞的由來。

金本　相對於「江戶前」的稱呼，另外有一批鰻魚是在所謂「江戶後」，也就是江戶城北側與利根川一帶所捕捉到的，爲了以示區別，這些鰻魚就被稱作「外來鰻」或「旅鰻」。有別於江戶前鰻魚的大受歡迎，這些旅鰻在市場上的反應冷淡。由此可見，江戶前的鰻魚有多麼炙手可熱了。

小松　實際上，在江戶前所捕撈到的魚，包括代表性的鰻魚，均十分美味，這和東京灣多河川有關。總共有多達六十條河川同時注入東京灣，這些河川爲海洋帶來許多的天然養分，有助於魚類的生長，使得魚肉含有豐富的油脂。我們從江戶前鰻魚的身上就可以看到很典型的例子。

金本　所以江戶前鰻魚才會有「蒸」的這道工序。因爲牠的脂肪較多，不容易

「江戶前」一詞的出現，
最早是用來形容「江戶前鰻魚」。

入口，所以必須經過「蒸」的這道手續去掉牠多餘的油脂。即使是同樣品種的本土鰻，例如瀨戶內海產的鰻魚，牠的口感就很清爽。我想，這也是爲什麼關西的蒲燒鰻就沒有「蒸」的這道手續的原因吧！

小松　正因爲各地鰻魚的脂肪比例多寡不同，所以江戶前才會產生出一套有別於關西作法、屬於自己獨有的調理法。

　　而除了鰻魚以外，對於其他魚種，其實江戶前也都有滿不錯的調理法？

山本　把小鰶魚做成壽司就是一個最好的例子。

小野　小鰶魚這種魚不管是用煮的、用烤的或者生吃，味道其實都不怎麼樣，但是透過專業壽司師傅的巧手，牠可以完全脫胎換骨，變身成爲美味的佳餚。

山本　您說的沒錯。小鰶魚一旦用鹽巴和醋稍微醃過，就會變得非常好吃。不但如此，搭配醋飯做成握壽司，味道更是一絕！我想在各類的壽司當中，小鰶魚應該可以和鮪魚並列爲壽司界的兩大橫綱吧！

小松　江戶前特別多味道清新、口感颯爽的白肉魚，這些魚搭配麵衣來吃尤其

小鰶魚可以和鮪魚
並列爲壽司界的兩大橫綱。

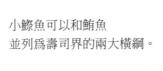

適合。據說也是因爲如此，江戶地區才會發展出天婦羅這種有別於關西的糝薯[3]和素炸（不裹麵皮，光油炸）的作法，並且發揚光大成爲江戶前料理的一大代表。

鰻魚和天婦羅的銀寶魚——因為是江戶前所以才會有如此美味的魚

早乙女哲哉（以下簡稱爲早乙女）　或許也是因爲如此，光就天婦羅來說，不是江戶前的魚，味道還眞的是會差一大截。很多種魚非得從東京灣捕撈來的才會好吃。

小松　這是什麼原因呢？

早乙女　正如您先前提到的，因爲流入東京灣的河川特別多，加上海灣又比較深的關係。像東京灣這樣的深度不會產生太大的波浪，整片海域風平浪靜，維持在穩定的狀態，如此一來，魚的骨骼就不會發展得過於粗大，皮也不會太厚。

小松　魚肉就會長得特別肥嫩？

山本　早乙女先生形容得好像早期我們在養小孩的標準喔！

早乙女　沒錯啊，江戶前的魚的確是在優質環境下長大的，有如貴公子般的出身。

小松　金本先生，我想請教的是，現在江戶前出產的鰻魚品質還有這麼好嗎？

金本　現在因為浦安一地也還有漁夫專門在抓鰻魚，我們都是到那裡去採買。不過，每到吹南風的季節，東京灣這兒就會有上等的鰻魚進來了。原因是當海風從南邊吹來時，浪會變大，鰻魚都知道這一帶會比較容易找得到吃的，自然就會紛紛從近海朝灣內游過來。這時候捕抓到的鰻魚不僅比較肥美，還帶有古早時代的那種濃厚的香氣。對此，家父就曾經表示過：「江戶前的鰻魚做成蒲燒，會比外來鰻所花的時間較短，當店裡生意忙不過來的時候，這就成了一大優點。」關於這一點，我想是因為旅鰻的肉質比較難伺候，以致於調理起來特別費工。那就好比在業界大家都知道「羽田捕到的鰻魚不會好到哪兒去」，我們是能避就避，敬而遠之啊！

小松　那麼像千葉出產的鰻魚呢？品質更糟嗎？

金本　千葉的木更津和姉崎一帶出產的鰻魚頭比較大、又沒有什麼脂肪，品質不算好。我們只要一聽到是姉崎來的，立刻就會拒絕。

相反地，自古即流傳著一種說法，那就是從台場到東京灣（靠近深川一帶）所抓到的鰻魚口感特別豐富，保證你每一口吃到的滋味都不同。只要是吹南風的季節一到，就是新鮮上等鰻魚進貨的時刻了，從過去到現在一直都沒有改變，可見近海還是有很好的鰻魚在那裡活蹦亂跳地等著啊！我常常想不透，這些鰻魚平常到底都住在哪兒呀？

山本　的確！有關鰻魚的生態一直是個「謎」。

小松　另外還有一種魚和鰻魚長得很相似，那就是銀寶[4]。在江戶前的天婦羅食材裡，銀寶算是滿常見的一道料理。

山本　銀寶有點像是體型較短的虎鰻[5]（海鰻），乍看之下牠的外型很詭異。

小松　沒錯，光看牠的外觀很難引起食慾。

早乙女　銀寶的魚刺特別多，不管是燉煮或燒烤，從以前大家就不愛吃，不過做

每到南風吹起的季節，
東京灣就會有上等的鰻魚游進來。

成蒲燒倒是意外地受歡迎。

小松　我以前在高知縣的足摺岬，曾經看過有人把曬乾的銀寶魚拿來稍微烘烤一下再吃，不過我還是覺得銀寶比較適合做成天婦羅。炸成天婦羅的時候，口感特別鬆軟綿密，眞的非常好吃！簡直堪稱是爲江戶前天婦羅所有食材裡的至尊。

早乙女　是的。天婦羅的作法可以把銀寶的魚刺炸到酥化的程度，這樣我們還能夠品嚐到牠骨頭的香氣。加上銀寶的魚肉本身帶有一股海味，嚐起來有點類似海藻的味道……。除了銀寶之外，你還眞的找不到別的魚帶有牠這種獨特的香氣。

以前就有客人特別偏好銀寶的味道，每次來一點就是七條、十條的，除了銀寶也不點別的，吃飽後簡單一句「謝謝招待！」就拍拍屁股走人。所以說，銀寶眞的是江戶前天婦羅的代表名魚。

小松　銀寶魚的盛產季節是什麼時候？

早乙女　從四月底到六月初。一旦錯過這個時節，市場上的銀寶馬上就變得很瘦，沒什麼肉。

小松 算是春季限定的魚囉？

山本 近來可以吃到銀寶的店家愈來愈少了。

早乙女 那是因爲銀寶的骨頭又粗又硬，懂得料理牠的天婦羅師傅已經不像過去那麼多了。

山本 聽說現在已經沒什麼人要抓銀寶了？

早乙女 現在市場上的銀寶都是漁夫在抓星鰻時不小心順便撈到的。因爲就算他們願意特別出船去抓銀寶，一次也只能抓到三、四公斤左右，更何況一年當中能抓到的天數也只有二十天左右！爲了這點小小的利潤出動船隻是很不划算的。

山本 即使是當令時節，也不一定保證抓得到？

早乙女 尤其是江戶前的銀寶，就算是產季，大概也要相隔個三到四天才能捕到一次。

改變中的江戶前魚類

山本　像銀寶這類江戶前特有的魚種，現在的數量也愈來愈少了，使得這些專門製作江戶前料理的店家在籌備食材方面變得更加辛苦。

小松　我前些日子才在品川的水族館聽他們說，東京灣包含非食用的品種在內，總共大約有兩百種不同的魚類，而牠們的總產量加起來大概有五萬噸左右，比起昭和三十年代的十五萬噸，現在只剩下區區的三分之一而已。

山本　各位所經營的餐廳是否也感受到這股壓力了？

早乙女　適合做成天婦羅的魚種大致上在東京灣都還捕撈得到，江戶前的食材大概占我們進貨的八成左右。

山本　那麼鰻魚的狀況如何？

金本　平成十八年的時候，江戶前出產的野生鰻魚數量很少，不過到了平成十九年又突然暴增，採購一趟平均可以帶回五十公斤左右，最多的時候也曾經買到

天婦羅的食材當中
有八成來自江戶前。

一百公斤！所以我猜，去年抓到的鰻魚應該有一噸以上吧？

小松　應該有很多人都不敢相信現在東京灣還可以捕到天然的鰻魚吧？

山本　確實現在很多商家都是使用養殖鰻，甚至沒有吃過天然鰻魚的人還不少呢！就連金本先生的店也不是想要有野生鰻就一定買得到，對吧？

金本　確實如此。天然鰻魚的數量已經在銳減當中，加上鰻魚的品質又沒有以往來得好，也不知道是不是現在河川裡鰻魚可以吃的餌料愈來愈少了，不只是江戶前，幾乎各地的鰻魚都缺乏油脂，瘦得可以。

從前，我們不管是做白燒鰻或蒲燒鰻，以兩百至兩百五十公克的分量對客人來說是最恰當的，不過現在，同等重量下的鰻魚卻嫌油脂不夠多。如果想要做到像以前那樣的肥瘦比例，就得用到五百至六百公克左右的大尾鰻魚才行。

山本　這麼說起來，不只鰻魚的數量減少，就連品質也變差了？那麼，小野先生這邊的狀況又是如何呢？

小野　如果要說到一整年都抓得到的江戶前食材，大概就是星鰻了吧！另外還有紫菜。東京灣所培育出來的江戶前紫菜，味道特別香。

山本 明蝦呢？

小野 明蝦有的時候有、有時候沒有，要看季節，冬天比較容易捕捉得到。其他地方的明蝦通常都會冬眠，但東京灣的沒有這個習性。

早乙女 如果是指小野先生店裡面供應的那種江戶前出產的特大號明蝦，還真的只有冬天才會有呢！

山本 什麼時候吃明蝦最好吃？

小野 我想是四月份左右。

嚴選食材，江戶前職人的工作

山本 比起早乙女先生光靠東京灣捕到的江戶前魚種，就能支撐天婦羅八成的食材，壽司店能派上用場的實在不多吧！

小野　江戶前的食材大概只有占兩成。

小松　可是，聽說從江戶時代開始，魚河岸就有進房總及相模灣來的漁獲啊，畢竟江戶前也不是什麼魚都有，例如鯛魚、鮪魚、鮑魚和龍蝦之類，自古以來東京灣幾乎都捕撈不到這些海產。

山本　鰹魚也是。

小野　沒錯，鰹魚在東京灣也是一尾難求。

小松　表面上說是江戶前的魚貨，事實上從江戶時代開始，本地缺乏的海產就已經慢慢習慣向外地調度來賣了。

小野　魚河岸本來就是全國漁獲的集散地，因為我們這些江戶前的料理師傅全都是在那兒尋找適合的食材來製作江戶前料理。以我的店來說，採購的第一首選一定先跑魚河岸（築地市場），看看那裡有什麼品質較好的天然食材。

小松　其實重點是挑好的食材，而不一定得是江戶前出產的，對嗎？

將食材製作江戶前料理，
這就是我們的工作。

小野　沒錯。好比橫濱擬鰈東京灣也有，但我們有時候也會採用來自福島或茨城縣常磐出產的魚貨。明眼人一看就知道，常磐的橫濱擬鰈不管是肉質的甘甜或油脂分布都比較好。

小松　小野先生店裡使用的鮑魚都是來自房總的大原？我是東北出身，很好奇您為什麼不用北海道的蝦夷鮑魚？蝦夷鮑和大原鮑有什麼樣的差異呢？

小野　大原雖然也有出產黑鮑魚，不過本店用的都是有「枇杷螺」[6]之稱的鮑魚。顧名思義，牠的外觀顏色就像枇杷一樣偏橘紅。

至於我為什麼不用黑鮑魚呢？因為黑鮑魚的肉質比較堅韌，就算蒸得再久也都很難變軟。而蝦夷鮑則很接近黑鮑魚的口感，不像枇杷螺一蒸就軟化了，香氣也會立刻跑出來。站在壽司師傅的立場，當然會選擇比較好用的枇杷螺啊！

小松　您剛剛提到店裡只用枇杷螺，那麼當枇杷螺缺貨的時候，會用黑鮑魚來替代嗎？

小野　不會。我會視季節而定，當真正需要鮑魚的時候，我就會挑品質上比較接近枇杷螺的食材來取代，例如我們有時候也會採用大原附近的岩和田所出產的鮑魚。

山本　早乙女先生的店除了江戶前的海產外，還有採用哪些外地的食材呢？

早乙女　像是銀魚。以前我總說我只用佃島[7]產的銀魚，不過現在當地幾乎都捕撈不到了，只好退而求其次，選擇品質排名第二的宮城縣松島產的銀魚。

山本　事實上，我昨天才剛去「三河」吃過天婦羅呢！不知道我昨天吃的銀魚是哪裡來的？

早乙女　島根的宍道湖。

山本　是宍道湖產的啊！我還在想，這個季節怎麼可能吃得到銀魚呢？

早乙女　一般來說，銀魚都是從二月底左右才開始在市場上出現，不過宍道湖出產的從一月中旬後就有了。當我遇到大眼牛尾魚缺貨的時候，偶爾就會拿宍道湖的銀魚來替代。

　你昨天吃到的銀魚，在我的店裡頭大概占了食材五成的比例。你如果是三月底左右吃到的銀魚，牠的美味才眞正會教人心都融化了！牠的鮮味可以強烈到隱約讓人覺得發嗆。我眞希望有機會可以讓你在當季的時候好好再來品嚐一次銀魚。

山本　我本來以爲銀魚的味道會很清淡，沒想到炸成天婦羅之後，味道竟然變得這麼突出，眞的讓我驚異不已！

早乙女　除了銀魚之外，像是干貝，我也會用東京灣以外產地的貨。

其實，江戶前海域原本是以出產干貝聞名，例如江戶前的青柳貝可說是無人不知無人不曉，只不過現在因爲捕撈過於頻繁，貝類都來不及長大，導致即使肉質還算鮮美，但是口感和香氣就是差了一截。比起江戶前的干貝品質，現在北海道出產的反而比較好，而說到價格方面，北海道干貝的身價更是江戶前的四倍貴。

所以，就算不是江戶前出產的魚貨，只要其他地方的品質夠好的話，我們也是很樂意採用。在挑選食材方面，我們的態度是很專業嚴謹的，這也正是從事江戶前料理該有的精神。

小松　然後，你們就把精挑細選來的食材製作成符合江戶前標準的料理了。

堅持嚴選食材，
正是江戶前的精神。

山本　以壽司爲例，我們會要求醋飯和上面魚貝類材料的結合，在口味上必須完美地融合爲一體。另外，從壽司的側面來看，外形必須捏製得像扇子展開時的那般形狀才行。如果醋飯上面的魚片呈現出癱軟無力的狀態，就像一條和服的帶子垂在那兒一樣，這樣是不及格的。而這也正是江戶前壽司師傅的功課之一。

小野　沒錯。除了您所提到的手技外，像是用鹽或醋來醃漬小鰶魚，或是將鮪魚泡在醬油調製的佐料裡，這些都可以說是江戶前料理的功課。透過這些前置作業，我們才能夠把海鮮食材的美味提點出來，同時強化它和醋飯的相容性。

山本　說起來，各位要做的細微工夫還眞不少呢！光看你們的正常作業流程，應該就不難體會「原來江戶前的精神就在這兒啊！」就像我們形容一個人是男子漢大丈夫、頂天立地，或者像「御點前」這樣用來形容茶道的技藝、手法的字眼一般，「江戶前」一詞，不也代表著某種流派或者風格嗎？

早乙女　您說的沒錯。我們有時候面對一些人也會不由得說出「你是江戶前的吧」這樣的話來。「江戶前」一詞，實在不僅僅是指那一片海域，或者烹飪的手法而已。

對我個人來說，所謂的「江戶前」，比較趨近於形容料理人的志氣。就像我經常掛在嘴邊的：「不服氣嗎？難道你可以做到像我這麼出色又刻苦耐勞？」做料理的人就是要有這樣的自信和魄力，因爲這會反映在你的工作上，並且在無形當中讓你更具備有江戶前料理人的風範。

金本　從小，父親便時常告誡我：「你是江戶之子。身爲江戶人，就是要能忍。」這句話已經根深蒂固成爲我的觀念了，即使到今天我已經八十歲了，只要我一碰到人生當中有過不去的難關，總會提醒自己：「我可是江戶之子啊！我一定可以熬過去的。」這句話也眞的幫助我渡過許多難關。

山本　如同各位所形容的，像這樣帶有正面能量的強大抗壓性，也就是一個人做人處事的行爲準則和風範，正是「江戶前」的精神所在。連帶地，這套準則也會隨著當事人反映在他所從事的江戶前工作及料理上。

魚貨的減少與品質的低落——選擇素材的辛勞

小松　現在在東京灣所捕撈到的江戶前魚貨已經愈來愈少了，加上品質愈來愈差，這實在是不容忽視的一個問題呢！

小野　的確是如此。誠如前面所提到的鮑魚，現在整體看來都有品質不夠好的問題，即便是大原，也因爲當地的海女都是不揹裝備下水的，這樣能潛入的深度自然很有限，等於一群人一直在同樣的範圍內捕撈，最後的結果就是有一天可能都找不到鮑魚了。

儘管政府已經發布禁止濫捕的命令，但那些來不及長大的鮑魚仍然逃不過商人的非法打撈……。再這樣下去，不管經過多久，鮑魚的數量都是不會有起色的。

小松　說到非法濫捕和資源不足的問題，我就想到鰻魚的情況也很嚴重，不是嗎？

金本　沒錯，也許有人會有不同的意見，不過我個人倒是認爲，大家一窩蜂拚命抓魩仔魚（鰻魚的幼苗）的結果，會造成野生鰻魚的數量銳減，這樣很快地，我們的海洋資源就會枯竭了。在歐洲，有吃魩仔魚習慣的西班牙，和專門捕撈魩仔魚外銷到中國市場的法國，雙方已經爲了魩仔魚掀起爭奪戰了。

小松　未來，野生的鰻魚將會變得愈來愈稀少，說不定有天我們想吃都吃不到了。

山本　像鮑魚和鰻魚的問題不只是數量稀少，不容易採買，就算好不容易買到了，有時候也會因爲品質不夠好的緣故，最後店家只好捨棄不用。前些日子，我才在小野先生的店裡碰巧看見他們把小鰶魚丟掉……。

小野　確實有這麼一回事。我每天早上都會針對前一天買回來的小鰶魚試一下味道，而山本先生看到的那天，是因爲那批小鰶魚一放入口中就有股油臭味……。我說「這樣沒辦法端出去給客人吃」，只好整批全部丟掉。那些加起來我猜大概有三公斤左右吧！

小松　那批小鰶魚是哪裡打撈來的？

像小鰶魚這類的食材，我會每天早上親自試吃過，再決定能不能端出給客人吃。

小野　在東京灣靠千葉一帶抓到的。不過我想，應該不是地點的關係。因爲小鰶魚這種魚並非生長在近海海域，牠喜歡待在河口附近，也許是不巧從河川上游漂來一層浮油，而這批小鰶魚剛好在那個時間點游過河口的關係吧！但光是這樣小小的一個動作，那股類似石油的氣味便從牠的背鰭滲入體內，導致牠的肉嚐起來全都是那個臭味。

小松　其實從嘴巴吃進肚子裡的時間這麼短，說不定客人根本就不覺得有味道。

小野　沒錯。尤其是在生食的狀態下，就算有味道其實也吃不太出來。我是因爲有用醋將小鰶魚醃上一晚，所以一嚐就覺得油臭味很重。

小松　搞不好連抓的人也沒發現呢！

小野　這個我就不知道了。

因爲東京灣不是那麼容易捕到小鰶魚，有時候一個月只能抓到一次，有時候平均一個禮拜可以抓到一次，不一定。如果每次你都要雞蛋裡挑骨頭，不是嫌有油臭味就是抱怨不夠好吃，那麼久而久之，漁夫們就懶得理你了。

小松 原來如此。

小野 所以我們在正式出菜之前，我一定會先試過味道，這樣我才知道這道菜能不能端出去給客人吃。

金本 鰻魚的情形也是一樣，在正式調理以前，你根本就不知道牠是否帶有石油的臭味或者是土味，只有放進嘴巴裡才會知道。

不過以鰻魚的情形來說，我認爲那些專門捕撈鰻魚的漁夫對於自己手上魚的品質好壞，其實都心知肚明。否則怎麼會這麼巧？從以前，每次只要碰到漁獲量不足的日子，那些被公認爲次級品的鰻魚產地，就會自動聚集一群漁夫等在那兒。

小松 而且他們還會使出魚目混珠這一招，對嗎？

金本 沒錯。你如果向他抱怨「昨天的鰻魚有土味」，他就跟你裝傻。不過，你只要看他的表情就知道他心虛，他根本是故意矇騙你的。

小松 這眞讓人傷腦筋啊！

金本　最麻煩的是，那些臭掉的鰻魚還泡在醬汁裡，以致於臭味全都跑到醬汁裡頭去了，最後我們只好把醬汁倒掉，全部從新來過。

小松　看來，想要減少這樣的遺憾發生，平時和漁方的溝通及交易手腕似乎也變得很重要。

海洋再生「行動」的必要

山本　江戶前沒有的食材得另外找替代品，而江戶前該有的作業流程一個步驟也不能少……。由此看來，各位江戶前的師傅們眞的花了很多的精神和工夫在料理上。但即使做到這樣的程度，我們仍然無法掉以輕心，原因是現在的海水已然變質，加上地球暖化的影響，在在威脅著我們的生存環境，如果我們什麼事都不做的話，恐怕不知不覺當中這些魚就會消失殆盡。

我們必須從身邊做起，努力守護東京灣的魚類生活環境，讓這些魚種可以順利地繁衍下去。

小松　您說的沒錯。正如我剛才提到的，以前東京灣的漁獲量可以高達十五噸，現在卻僅剩下區區五噸左右的量，實在不容我們忽視。

在這塊區域當中，如東京都的芝區及神奈川縣的子安、金澤等地，現在仍還有將近三千人堅守在自己的工作崗位上繼續打拚；而船橋與新富津兩地，也有一群人還在繼續從事紫菜的養殖工作。就算是爲了這群不服輸的人們好了，我們也要努力幫東京灣找到一條再生的出路。

山本　小松先生，聽說您過去是日本水產廳所籌設的「豐饒東京灣再生檢討委員會」裡面的一員？

小松　是的。我在委員會底下的飲食文化分科會裡面擔任會長的職務。這個組織成立的目的，是希望可以透過舉辦一些美食活動拉近一般消費大衆與東京灣的距離。早乙女先生也是其中的委員之一。

早乙女　我過去在那個委員會裡面也曾經表示過，京濱工業地帶和京葉工業區裡面的工廠其實都應該拆除，把土地還給大海才對。現在的狀況已經不比我們小時候了，這些工廠不是遷到外縣市就是轉移陣地到國外去，工業區所扮演的角色早已經不存在了。所以，我們不僅是要拚命種樹，還應該把過去塡海造地的地方恢復成原狀，讓它可以再度回歸到海洋的懷抱。這些事情不做的話，基本上是不會有太大改變的……。只不過，每次我這麼一說，就會被批評「未免過於草率」。

小松　現代社會就是有太多人喜歡拿「那樣的作法太過輕率」當藉口，造成重要的問題一再拖延，例如檯面上的政治人物成天只會說，「對於這件事，我們有必要審愼地進行評估與觀察，才能做出短期因應策略的判斷。」最後你會發現，政府根本什麼對應的策略也沒有！面對東京灣的漁業再生一事，我們必須實際做點什麼才可以。

早乙女　尤其東京灣的潮埔地（俗稱海埔地），有九成都被塡平作爲海埔新生地了，我想現在如果希望海洋的資源再生，就得大刀闊斧去做，否則很難起什麼作用。

爲了東京灣的永續再生，
我們必須有所行動。

小松　如果我們搭飛機從空中鳥瞰整個東京灣，就會發現那些海埔新生地其實還有很多地方沒有利用到。例如千葉港靠近車站那附近，什麼建設也沒有；又如橫濱港未來的開發計劃，其中成功吸引到企業進駐的也僅占四成而已。我常在想，如果那些閒置的土地眞的用不到的話，不如把它們開鑿成小溪，或是直接把房子剷平恢復原貌，這樣不是比較好？

金本先生，您到茨城縣的霞浦或利根川的時候，是否也有類似我這樣的焦急心情呢？

金本　的確。霞浦那個地方的狀況一直都是那樣，始終沒有改變。

法國的政府會將河川的管轄權交給民間的漁會，由漁會出面來統合管理這些漁民及河川的維護，一旦河川發生異常的變化，漁會就會立即提醒行政單位儘速恢復改善。日本卻沒有這樣一套完善的制度，以致於發生問題時，既沒有任何人開口，也沒有相關單位做出回應與處理，於是問題始終懸在那裡沒有解決。

小松　利根川河口的攔河堰及常陸川的水門，到現在都還是封閉的狀態呢！

金本　當初，在利根川興建攔河堰的目的，原本是鹿島的企業集團爲了促進霞浦一地的水資源再生利用，於是興建大壩來防止它遭受海水的鹽害。問題是，現在鹿島本身已經可以做到海水的再生循環，導致霞浦這五千公噸的水完全無用武之地。但即便如此，也不能貿然把水壩的門打開，於是霞浦的水始終沒有再生使用的機會。

小松　聽說茨城縣的河川課正計劃將河水引進霞浦，希望讓水質可以達到淨化的作用？

金本　是的。但是要讓霞浦的水徹底活過來，就必須像過去一樣引進海水。

我們可以從專門出產星鰻的混濁深色河水中取兩杯來做實驗，一杯是純淡水，另一杯則加入海水，你猜會有什麼情形？裝入淡水的這杯完全沒有任何改變，但是混合了海水的這杯反而水質變清澈了！

我認爲霞浦的問題也是同樣的道理。爲了水資源的再生，爲了魚群可以再度回流，我們不能不重新檢討開啓水閘門的可行性。

山本　沒錯。想要將東京灣打造成有利魚群棲息的環境，並促進河川活化再生，這些行動必需要形成一股全民運動的風潮才行，否則終有一天魚群會消失。

小松　的確如此。從在座各位身爲餐飲業經營者的角度來看，今日食材的取得及品質上所面臨的問題，幾乎已經到達一個臨界點，已出現紅燈警訊了。想要擺脫這樣的危機，就必須重整人類社會的環境，使之與大自然和諧共生。眼前我們所要解決的問題眞可說是堆積如山啊！

「料理人成為人間國寶」——料理人應受到應有的評價

早乙女　如同剛才所提到的，儘管我們在尋找食材方面變得愈來愈加困難，但我們仍然努力維護住日本的傳統飲食文化，並盡全力地提供給顧客優質的食物，從這一點來看，日本料理師傅的水準自然不在話下。

山本　東京的餐飲水準可說是世界頂尖的。

早乙女　不過，想要維持住這樣的水準，往後就不能只是靠師傅們的手藝了。

我對很多人都說過：「我們要把小野和金本兩位視爲人間國寶才對！」但每次這麼一說，得到的反應卻是「廚師是人間國寶?!」然後話題便無疾而終了。你們難道不覺得，我們在料理方面的品味和手藝值得更多的肯定嗎？不只是做料理的廚師，包括製造廚房用具的人和漁夫們，也都不乏一流的專業人士。這些和餐飲相關的工作如果不能獲得更多的尊重，讓社會大眾對它懷抱著夢想的話，那麼我們的技術就不可能傳承下去。長此以往，廚師這份工作將會淪爲人們心中「因爲落榜，沒有學校可讀，所以才考慮當一名廚師」的最後選擇。爲了避免這樣的情況發生，必須將廚師打造成爲令人憧憬的行業，在這方面，我總覺得政府應該可以有所作爲才對。

小松　針對這一點，早乙女先生似乎還特別寫信給前總理森喜朗先生？

早乙女　是的。我是以「想與您商談有關文化方面的事務」爲開場白，用毛筆在卷紙上寫下「是否可以將『人間國寶』的榮譽頒給小野先生？」那封信足足用掉八公尺長的卷紙。

我們應該要將小野和金本兩位視爲人間國寶才對。

當時的森喜朗總理還以電話直接回覆我，感謝我提供他如此寶貴的意見，奈何……。

小松　接著沒多久，他就辭職下台了吧？

早乙女　沒錯。所以我又再接再厲寫了一封信給後來接任的小泉純一郎總理，就是因爲我體認到光是用嘴巴講是不夠的，我們自己本身也要動起來才行。

小松　這樣的動作有必要繼續堅持下去。

不知道是不是因爲日本政府，對於廚師和相關技職人士以及傳統料理方面的正面表彰太少了，以致於相關從業人員的社經地位普遍都有過低的情形。但說到江戶前壽司和天婦羅，可是遠及華盛頓、紐約、巴黎和倫敦都吃得到，幾乎被國際間公認爲日本料理的兩大代表食物啊！

在法國和義大利，從事餐飲業的人可是經常會得到政府表揚的勳章呢！

山本　事實上，我本人就曾經因爲協助法國政府在日本國內推廣法國菜而獲頒他們的勳章（農業功勞勳章 Chevallier）！小松先生也曾經在平成四年得到義大利政

日本國內對於傳統廚師的評價有過低的情形。

府頒發的勳章（義大利共和國功勞勳章），對嗎？

小松　是的。反觀日本，我們會頒獎給對藝術方面有卓越貢獻的人，例如陶藝、歌舞伎、淨瑠璃或是三味線等等，但事實上，日本料理的水準也已經達到接近藝術等級了……。

早乙女　我自己是陶藝品的收藏家，老實說，有些人的作品實在不怎麼樣，也照樣拿到政府頒發的勳章啊（笑）！只要一想到這裡，就不禁爲小野先生感到抱屈。

小松　所以他拿到米其林三星的榮耀啊！

山本　終究是讓外國人搶先一步。

小松　小野先生，請問您得到米其林三星認證之後有任何的改變？客人有因此增多嗎？

小野　有，客人的確有增多。不過，畢竟又不是法國人一下子全跑來了，上門來吃的都還是日本同胞，所以我的心情並沒有太大的變化。

小松　那麼，應該有不少名人光顧吧？像是政治人物什麼的……。

小野　的確是有的。不過，不管誰來，我的心情其實都是一樣的，又不是說他會給我加倍的錢……（笑）。

小松　原來是這樣啊（笑）！不過，有這樣的名人加持，多少有助於人們對廚師這行業懷抱著更多的憧憬，而願意投入這個行列吧？因爲只要當上廚師，任何食物經過你的口，立刻就能分辨出那背後蘊藏著何等高深的技術……。

能持續這份工作的健康法

山本　金本先生在平成十九年已獲選爲日本「現代名匠」之列。

小松　所謂「現代名匠」，指是由日本厚生勞働省每年針對專業技職人員，遴選出在各個領域特具卓越表現者所頒發的一項榮耀。

山本　金本先生拿到這個獎比較像是遲來的榮耀，畢竟不該等到他八十歲了才頒發給他……。

早乙女　等這個獎眞的是等太久了！

山本　的確。就連小野先生也是到了八十歲才入選「現代名匠」之列，怎麼說都嫌太晚。一個人工作的巔峰時期大約在六十歲上下，國家應該在這個時候就給予表揚才對。

早乙女　要活到八十歲可不是件容易的事（笑）。

小松　不過早乙女先生好像都說自己會活到一百三十歲吧？

早乙女　是啊，而且我還會在自己的崗位上繼續工作。

山本　是嗎？到了那個年紀，若還能夠繼續堅守在崗位上，還眞不簡單呢！像小野先生、金本先生也是，別的不說，光就已經八十高齡還親上第一線服務，就值得我們佩服了。

關於小野先生，之前身邊的人總愛問我一句話：「都已經拿到米其林三星認證了，他還每天到店裡嗎？」幾乎每個人聽到我的答案：「他還是每天從早忙到晚喔！」都感到無比驚訝。

實際上，如果有人在接近中午十一點半的時候沒有預約就跑來，作爲當天的第一位顧客，小野先生仍然會專程幫他捏製個人份的壽司。就連小野先生入選「現代名匠」之列、在明治紀念館接受公開表揚的那天晚上，他還是如同往常回到店裡面繼續他的工作，這實在是教人不可思議。

小野　既然我還在線上工作，就該盡我的本分，如此而已。

小松　像小野先生這樣始終都站在第一線服務，身體健康相對就變得很重要了，請問您平常是如何保養身體呢？

小野　只要保持工作愉快，身體自然就健康。這一點是最重要的！要發自內心喜愛自己的工作，每天都可以很愉快地投入其中，人就不容易生病。

小松　正是如此。那麼，金本先生維持健康的方法又是什麼呢？

金本　我養成了走路的習慣。

以前打仗的時候，我大概十五、十六歲，爲了逃難，曾經和住在上野的一位叔

只要能用快樂的心情投入工作，
身體自然健康。

父輩的親戚一起用走路的方式走到千葉的大網。記得當時我們是在晚間十點鐘出發，一直走到隔天中午，大約總共走了四十公里路。接著，我們在千葉縣廳前的廣場小睡一小時後，又繼續走了大約二十公里路，才終於抵達大網。那次的親身體驗幾乎已經成為我個人的一個標準，只要我想走路的時候，總是不自覺地會愈走愈遠。

因此，長年來我有個習慣，那就是會選在元旦這天用走路的方式往來鎌倉、片瀨兩地，然後經過北鎌倉來到大船，全程約二十二至二十三公里。以前，我也曾經從東京一路走到橫濱。走路對我來說，是維持健康最好的方法。

誠如剛剛小野先生提到的，熱愛你的工作很重要，那也是維持一個人身心健康的基礎。我自己也是到了快滿八十歲的時候，才突然轉念，希望可以一路做下去。所以當我今年除夕夜聽到鐘響的那一刻，內心突然感到無比雀躍，「我也已經八十歲了耶！好，就這麼跟它拼了吧！」我打算用嶄新的心情去面對工作，好好努力。

小松　小野先生好像也會從中野新橋走到新宿？

小野　我一天會走一萬步。今天因為行程比較忙，到目前為止，只走了五千三百步。

快樂工作，身體自然健康

小松　大約是平常走的一半。

小野　對，回程我打算用走的，這樣應該就有一萬步了。

小松　聽說，早乙女先生從昭和三十七年的十月份開始直到現在，長達四十五年來都沒有生過病，請問您身體保健的祕訣是什麼？

早乙女　因爲我是最不正經的一個（笑）。我吃東西既沒有在考慮營不營養，本身又很偏食，加上我長年過夜生活，幾乎沒怎麼在睡覺……別人視爲禁忌的事我全幹了，但我就是活得健健康康的。

小松　總而言之，您就是過自己想過的生活、保持開心就對了？

早乙女　可以這麼說。

從現在開始培育料理人

小松　在座各位都是長年堅守在第一線服務的專業料理師傅，想必這麼多年來應該也培養了不少優秀的後輩廚師。培育人才是一件很費心的事，尤其現在對年輕一代的教育方式已經不同以往。

金本　的確如此。以前我曾經看過一篇文章，是由某間飯店的高層管理人士所寫的，他提到「現在的年輕人既缺乏體力，又欠缺良好的工作精神，過去我們所說的『打鐵要趁熱』的觀念，根本不適用於他們。」

他的話一點兒也沒錯！你如果把那些剛從高中畢業沒多久的孩子立刻丟到就業市場去，讓他們去和別人廝殺，只會換來辭職不幹的後果。那麼他們好不容易立下志願、才剛剛投入工作，馬上就面臨挫折導致半途而廢的結果，想想也未免太可憐。在座的各位都有意願要好好培育接班的人才，那麼我們是不是要仔細思考一下，究竟該怎麼做會比較好？

例如，我們不要一開始就把他們逼得太緊，先嘗試著讓他們適應環境及工作氛圍，等到他們比較穩定之後，再針對工作的內容有系統地一一傳授？

小松　像是小野先生的店，由公子禎一先生領導，每個成員看起來都活力十足、充滿了幹勁，就連臉上的表情也十分投入。

小野　現在在我店裡工作的這群夥伴確實是如此，不過剛加入的人就不見得了，做不下去的人其實也不少。因為新進的員工在工作上是最低階的，自然不可能和現在線上的同事做同樣性質的工作，甚至是比他們困難度還要高的……。

這麼一來，他們往往就會丟下一句「這份工作不適合我，我想離職！」他們也不想想，才剛剛從學校畢業出社會，哪來「適合你」的工作啊？應該是你去「適應工作」吧？但是我就遇過才來學習三天或一個禮拜左右，就把「辭呈」丟在我桌上的情形。才三天！什麼辭呈、狗屎都會碰到（笑）！

小松　現在的年輕人是眞的在體力、意志力方面都不行嗎？

小野　沒錯。不光是他們的體能不足、意志力薄弱，就連思考邏輯也和我們以前很不一樣。

我經常接到年輕人的求職電話，拜託我任用他們，其中還有人說：「您如果願意雇用我，請先讓我試吃您做的壽司。」聽到這句話，我只能用目瞪口呆來形容，這就好比你要拜師進入某人的門下學習，卻對他說「你先餵飽我之後再用我」的意思是一樣的。我想，這已經不是我個人的問題，只要是有一定歲數的人，任誰聽了都會火冒三丈。可是，現在的年輕人好像多數都抱持著這樣的想法？不過我的店是不可能雇用這樣的人的。

小松　這麼說來，現在在貴寶號工作的這群人都已經待了很長一段時間了？那眞的可以算是市面上少見的人才了。

小野　願意以最卑微的角色進入本店實習、然後辛苦熬過這個階段的人，才是眞正具有實力的人。不過，因爲我的作風眞的很嚴厲，所以還是有不少人以「工作不適合」爲由提出辭職。

金本　哪像我們過去那個年代，每個人從就業的那一刻起便認定那份工作就是自己的天職。由於是老天爺賞飯給你吃，所以才叫作「天職」。我們會努力去適應那份工作，並設法讓它內化成爲我們的一部分。

現在的年輕人卻動輒以「我做不來」、「這份工作不適合我」作爲藉口辭職不幹，我實在搞不懂，他們到底是憑哪一點可以如此斷定呢？

小野　可想而知，現在的年輕人讀書時都被父母親照顧得太好了，早上起床棉被也不摺就直接上學去，放學回到家立刻就有飯吃，連收拾碗筷也是做母親的事……。就算已經出社會工作了，還在幻想可以過著和從前一樣的生活，如果有這麼好的地方，麻煩介紹我去（笑）！

小松　那麼，早乙女先生的店情形又是如何的呢？我看你們年輕的工作人員動作也都很勤快，他們也是少數留下來的菁英嗎？

我們所選擇的行業，
乃是老天爺賞賜給我們的天職。

早乙女　就我來看，與其說這些年輕人上門來是爲求拜師學藝，不如說「是他們挑中我」。換句話說，他們才是主考官！當他們面試過各式各樣的廚師之後，終於選上我，於是千里迢迢跑來……。所以，那些小子剛進店裡實習時，我都會告訴他們：「因爲你是最後一個才挑中我的，本來就應該從最基層的工作做起。」也不知道是不是這個觀念奏效，那些孩子進了我的店裡後，通常一待就是很多年。

小松　這樣想似乎也沒錯。那麼在工作方面，又是如何指導他們的呢？

早乙女　我總是會對新進員工說：「你不是來學習怎麼炸天婦羅的，而是來學忍耐的功夫。你只要學會忍耐，工作自然而然就會上手。」只要他們有辦法在我的店裡待上一年、兩年，甚至三年，該學會的自然不會少。

看見我正在炸天婦羅的時候，就要能夠掌握時機爲客人送上蘿蔔泥；感覺客人似乎要準備起身離開了，就應該立刻送上茶水和毛巾。這些動作看似細微，卻都非常重要。只要他們能夠像這樣配合我的節奏做好助手的工作，無形當中自然就學會炸天婦羅該有的程序，這就等於你已經學會了所有該學的東西。不管是片魚的刀法或是油炸的技巧，凡是你肉眼看得到的技術，其實只要花兩、三個月的時間密集練習一下就會了。關鍵在於，在你學會掌握工作的節奏之前，你能夠忍耐幾年？所以我都會先把醜話說在前頭，「你來到這裡，要學的是忍耐的功夫。」當你明白把話告訴他們之後，他們反而都可以做很久。

小松　各位眞的是花了很多心思在培育年輕人呢！

山本　只希望我們的年輕一輩可以迅速銜接上來囉！畢竟在座各位的功夫如果後繼無人的話，可是很嚴重的一件事。我們今天之所以能夠隨心所欲地品嚐到江戶前料理，不也是包含在座三位大師在內的專業料理師傅們，克盡其職地守住前人所傳承的技術，並加以發揚光大後的結果嗎？這番專業的技術以及對料理所投注的感性，如果不能順利傳承給下一代……。

小松　說不定有一天，江戶前料理將會失傳，我們的後代子孫就再也吃不到了！

山本　您說的沒錯。所以我很盼望年輕一輩趕快出現一些有潛力的人才，好讓我們安心。

另外，身爲顧客的一方，對於自己所吃的料理和爲你做料理的廚師，也應該懷抱著更多的敬意。每次我用餐的時候，都會像進行一場重要儀式般地提醒自己：我不是要「吃美味的食物」，而是要「吃出食物的美味」。

我之所以會養成這樣的心態，也是受到包括在座三位大師在內的一些專業廚師的影響。眞正一流的廚師還有一項能耐，那就是具備培養「老饕」的實力。而這些被培養出來的老饕級食客，有義務再把他們從前輩身上學習到的知識和經驗傳授給年輕輩的廚師，幫他們在精進廚藝的道路上往上再推一把。這也是我對自己的期許。

小松　最後我想請教的是，各位大師對於我們年輕人，尤其是有志成爲一名廚師的人，有沒有什麼特別的話要提醒他們？

金本　就像我偶爾會喝點葡萄酒一樣，談到飲食，除了包含著「歷史」與「傳統」之外，其實還帶有「浪漫」的成分。我在面對工作的時候，內心始終牢記著這三項要點。無論是未來有志成爲一名廚師的人，或是現在正是學徒的人，我希望你

身爲顧客，對於你所吃的料理和爲你做料理的廚師應該懷抱敬意。

們不只是單純學會做料理，更要培養出自己的一套獨特觀點來面對你的工作。

小野　我除了奉勸他們「努力」之外，沒有別的話。既然是自己選擇的行業，就要好好地努力向上提昇自己。

早乙女　我想說的話很多，首先我要說的是，希望大家下次拿筷子吃飯的時候，可以很專注地、把它當作一件重要的事來進行。

吃飯時筷子要用得巧，是需要一定程度的想像力的。畢竟食物的外形千奇百怪，既有小小一顆如芝麻粒，又有像豆腐這樣軟綿綿的東西，有重的、有圓的、有三角的……不一而足。當我們用筷子吃飯的時候，如果你對眼前的食物沒有足夠的認識，你的筷子就會夾不住它。所以，當你下次準備用筷子吃飯的時候，請先好好端詳一下你眼前的食物，然後發揮你的想像力去對待它。

換句話說，也等於是用你的眼睛去享受這道食物，正所謂「大飽眼福」。讓我們先用眼睛去品味，然後再用舌頭實際去品嚐，透過這樣的步驟來進一步確認我們先前對食物的印象與實際吃下肚的感覺是否有落差。

放眼世界，一天固定要吃上三餐的人種並不多，日本人便是其中之一。既然如此，我們豈能餐餐敷衍了事，而不重視我們眼前的食物呢？

山本　如果沒有懂得享受美食的知音，這些美味的料理也就失去存在的意義。因此，希望大家拚命存錢之餘，也要懂得享受人生，盡可能地大飽口福。畢竟有人願意吃自己做的東西，絕對是激發廚師們創作出更美味食物的動力來源啊！

小松　意思也就是說，如果你的志願是想要成爲一名廚師的話，爲了品嚐美食，建議你得先去「數寄屋橋次郎」、「野田岩」和「三河」考察取經才行。

專欄
東京灣與捕鯨業

日本人開始養成吃鯨魚的習慣，是在江戶時代。當時，在東京灣還有專門捕鯨的船隊。

江戶時代初期，在安房的勝山（現在的千葉縣鋸南町）誕生了一個由醍醐新兵衛[8]所帶領、以捕鯨為目標的組織，稱作「鯨組」（又稱「醍醐組」）。當時他們所捕捉的對象，是以口部突出、狀似木槌作為特徵所命名的貝氏喙鯨[9]。每到夏季，貝氏喙鯨為了覓食，便紛紛巡游至東京灣內的勝山近海一帶，這時候，醍醐組的船隊便會手持魚叉利用「叉刺法」來獵捕鯨魚。

醍醐組會將捕獲的鯨魚皮剝下來煉油後出售，至於暗紅色的鯨肉，由於一開始大眾還不太能接受，必須在當地進行加工過後才能食用，也就成了所謂的「鯨魚乾」。其製作方法是先將鯨肉切成薄片，浸泡過鹽水後曬乾，就成了類似牛肉乾的美味食品。流傳到現在，已經成為房總一地的知名特產。

東京灣熱門的捕鯨活動在江戶時代天保年間達到巔峰，當時總共捕獲了二十六頭鯨魚，但自此之後逐年減少。到了明治時代，捕鯨業被納入了千葉縣的管轄範圍，卻未能夠順利挽回頹勢，於是在明治三十八年，原本活躍在勝山近海一帶的捕鯨船隊也正式地走入了歷史。

第3章

江戸前與江戸前料理

すし

政策研究大學院大學教授
小松正之

1——什麼是「江戶前」？

江戶城前面的海＝「江戶前」

一聽到「江戶前」這個詞，通常大家聯想到的，便是江戶前壽司或是江戶前天婦羅了。但你若深入問對方：「究竟何謂『江戶前』？」往往沒有幾個人能答得出來。

如果我們引用《廣辭苑》[1]（第五版）來查看，「江戶前」這個名詞究竟代表著什麼樣的意義的話，你會得到這樣的解答——「意指芝、品川一帶隸屬『江戶前方海域』的總稱。此名詞的出現始於人們在品嚐本地所捕獲的魚鮮時，習以江戶前出產爲名來稱之。（以下省略）」。因此我們便了解到，往後只要提到「江戶前」這三個字，代表的就是江戶的這片海域。

而這裡所說的江戶，指的就是「江戶城」；而江戶城前方的海域，具體來說，即爲西到多摩川河口、東到中川與舊江戶川兩條河匯流之處，如此圈起來的範圍正是我們所謂的「江戶前」，或稱爲「江戶前海域」。

在這片江戶城前方海域裡棲息著各式各樣的魚蝦貝類，特以新鮮美味聞名，使得「江戶前魚貨」倍受消費大衆的喜愛。例如，江戶前的鰈魚、佃島的銀魚、芝所盛產的蝦、深川的文蛤和干貝、淺草的紫菜……等等，皆爲家喻戶曉的地方特產。除此之外，應用這些江戶前海產所製作出來的壽司、鰻魚和天婦羅，也以江戶前料理之姿風靡於大衆，繼而流傳至今日，依舊方興未艾。

現在的江戶前是東京灣

只不過，過去我們稱之爲江戶前的這片海域，後來被廣泛填平成爲海埔新生地開發利用，導致昔日記憶中的風華不再。想當然耳，魚蝦貝類也幾乎捕撈不到了。隨著類似的環境變遷，「江戶前」這個名詞所代表的意義自然也和過去有所差異。

現代人多數會把東京灣定義爲江戶前海域，而在東京灣所捕到的魚就歸類爲江戶前的魚貨。就連日本水產廳所設立的「豐饒東京灣再生檢討委員會．飲食文化分科會」也含蓄地對外表示，「將三浦半島的劍崎和房總半島的洲崎兩點連接起來的內側範圍，也就是整個東京灣，皆可視爲江戶前」這樣的定義是很恰當的。雖然算不上什麼正式的定論，不過一般說來，把東京灣所捕到的魚視爲江戶前的魚貨並沒有錯。

問題是，隨著海埔新生地的開發及周遭環境的變動等種種因素，導致東京灣的漁獲量已呈現逐年下降的危機。相較於昭和三十年代（一九五五年）的全年漁業生產量高達十五萬噸，現在卻僅剩下區區五萬噸左右（實際漁獲量爲兩萬五千噸上下，而以紫菜爲中心的養殖業總產量同爲兩萬五千噸），等於只有過去的三分之一。

在東京灣所捕獲的魚類

不過，相較於全國其他地方的漁業現況，例如鹿兒島灣的漁業生產量一年僅約三千噸左右，相較起來，東京灣的產量已經算多的了。那麼，東京灣龐大的漁業生產力是從哪裡來的呢？答案是河川特別多！

● 東京灣與江戶前

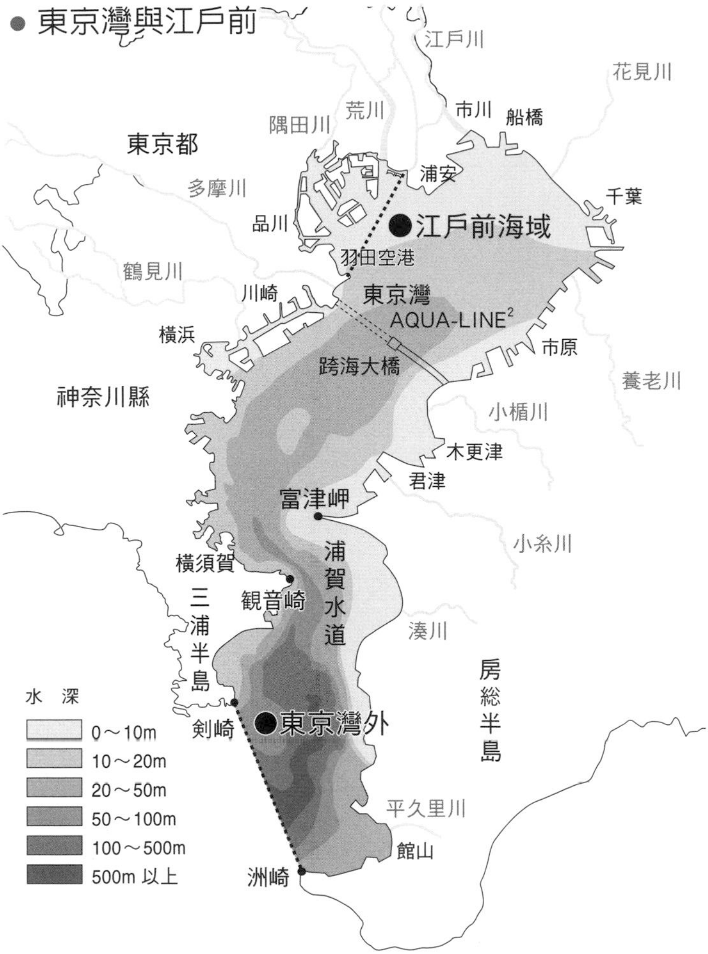

資料來源／《繁榮的東京灣～江戶前海域與飲食文化的再興》（雄山閣）

銜接東京灣的大小河川加起來多達六十條左右，因此每年總共有一百億噸的淡水源源不絕地注入東京灣，這些淡水含有豐富的天然養分，餵養了海中的浮游生物使之大量繁衍，進而成為魚類的餌食。最後的結果，便是導致海裡的魚類大量增加。東京灣的魚不愁吃，自然長得肉質肥美、味道豐厚，所以大家才會說東京灣捕到的江戶前魚特別好吃。

即使今天，東京灣依然可以捕撈到非常多樣化的魚類和貝類，其中，自古即以作為江戶前料理的食材，並廣為大眾所熟知的種類，共有以下幾種：

●青柳貝（傻瓜貝）

隸屬於二枚貝的一種。由於這種貝類在千葉縣某漁村的採集量特別多，故以當地名稱「青柳」命名。另外，據說因為牠的貝肉經常像人類吐舌頭般露一小截在外面，所以也被俗稱為「傻瓜貝」。青柳貝不管是做成江戶前壽司或是天婦羅，都是不可或缺的一道食材。市場上也有販賣直接去殼的青柳貝肉。

● 江戶前的漁產種類

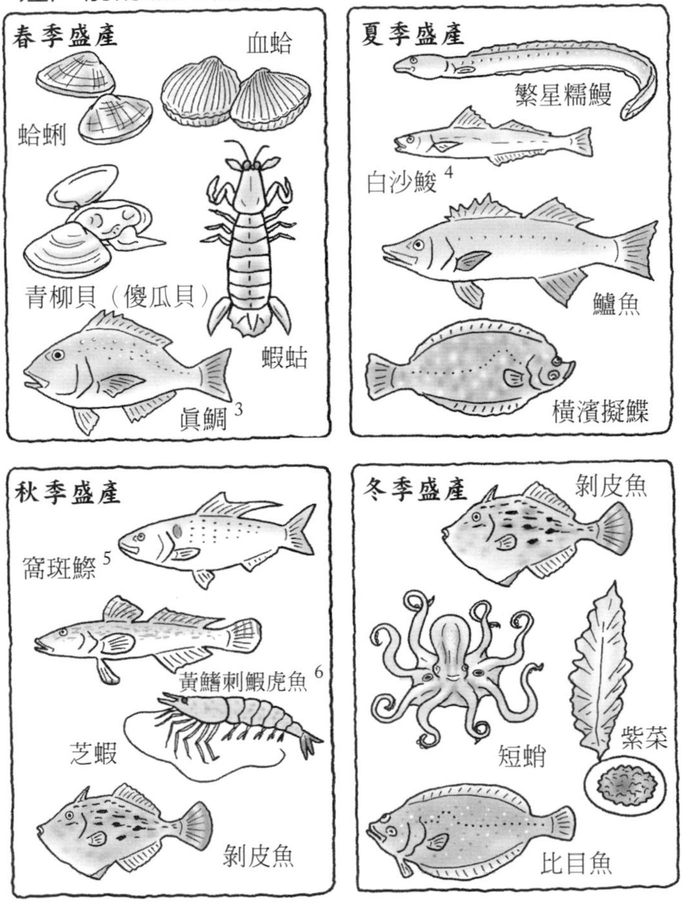
春季盛產
血蛤
蛤蜊
青柳貝（傻瓜貝）
蝦蛄
眞鯛[3]
夏季盛產
繁星糯鰻
白沙鮻[4]
鱸魚
橫濱擬鰈
秋季盛產
窩斑鰶[5]
黃鰭刺鰕虎魚[6]
芝蝦
剝皮魚
冬季盛產
剝皮魚
短蛸
紫菜
比目魚

● 蛤蜊

江戶前出產的蛤蜊，從江戶時代開始就普遍爲民衆所知。蛤蜊的產量雖少，但就連東京羽田也採集得到。

● 蝦蛄

隸屬於甲殼類的一種。蝦肉煮熟時會呈現蓬鬆的口感，且味道清甜，因而成爲壽司吧檯上的固定要角而廣爲人知。每年春季至初夏期間，爲抱卵蝦蛄的盛產季節，產地以神奈川縣的小柴最富盛名。

● 鱸魚

鱸魚最大可成長到超過一公尺長。由於此種白肉魚肉質細嫩、好料理，包括法國菜與義大利料理也很愛用。同時，鱸魚還是釣客最喜歡挑戰的目標之一。

● 繁星糯鰻[7]

此種魚外型細長彎曲，與鰻魚十分相似，也是江戶前壽司和天婦羅固定會出現的要角之一。味道比起鰻魚來較爲清淡，肉質軟滑黏膩爲其特徵。

●剝皮魚

此魚食用時須先剝除魚皮，因故得名。大家別被牠外型上那有如櫻桃小口般突出的吻部所特具的滑稽感給欺騙了，這種白肉魚的清爽口感和優雅的韻味，可是足以媲美高級的河豚，就連牠的魚肝也十分美味。

●短蛸[8]

屬於小型章魚，體型最大頂多長到三十公分左右。日文漢字寫作「飯蛸」，原因是每到秋至冬季，此品種的母章魚身上就會附著密密麻麻有如飯粒般大小的卵，故而得名。

除了以上所提到的品種外，江戶前所盛產的魚類還有許多。希望各位務必得親身體驗，用自己的味蕾去感受一下江戶前當令的海味，看看是否如同我們所保證的料鮮味美。

2——供應江戶前美味的魚河岸（魚類批發市場）

在日本橋誕生的魚河岸

築地魚市場，除了銷售來自江戶前的漁獲外，尚有全世界各地琳瑯滿目的水產也都同時匯集到這裡。它的前身發源自日本橋的魚河岸。據說江戶時代，佃島的漁夫們抓到的漁貨必須上繳給幕府作爲進貢之用，而多出來的部分，他們就會帶到日本橋川的河岸邊或橋上販賣，由此漸漸演變而來。一開始只有少數的地攤，簡單地用一塊木板排放魚貨便開始銷售；慢慢地，魚販愈聚愈多，開始有人搭起棚架形成簡易型的攤位，人來人往也變得熱鬧無比。後來，不光是販售江戶前的魚，就連遠及千葉、茨城、神奈川和靜岡等地所抓到的魚也都千里迢迢被運送到這裡，於是大量的魚貨便在此地進行交易。

當時魚河岸繁榮的景象，我們從「魚河岸朝千兩」這句日本流傳的俗諺中便不難窺見。這句諺語翻成白話的意思就是：在日本橋的魚河岸，每天早上隨便在地上撿，都有千兩銀子。當時的千兩換算成現代的幣值，可是高達數億日圓的天價！也因此，在江戶時代，日本橋的魚河岸和芝居小屋街[9]及青樓林立的吉原[10]，並列爲三大熱門公衆市場，其盛況可見一斑。

世界第一的魚河岸・築地

從江戶時代開始蓬勃發展的日本橋魚河岸，在邁入大正時代（一九一二年）之後，因交易量擴增、業者大量湧入，加上現場衛生條件惡化等種種因素，開始出現了希望遷移市場的聲音。就在大正十二年九月一日，發生關東大地震，日本橋的魚河岸也蒙受極大的災害。加上先前在富山縣的魚津發生的米暴動事件[11]，一連串天災人禍的交相催生之下，嶄新的築地市場正式落成。在這裡所進行的交易，除了水產之外，尚有蔬果類的農作物。

不過說到築地，我們最先想到的還是魚。築地市場平均一天水產物的交易量可達兩千噸，相當十八億日圓左右的金流。據說，這裡的魚貨琳瑯滿目，種類可達四百八十種之多！堪稱世界第一的規模。就連數量已呈現銳減的江戶前漁貨，也多數都送到這裡來銷售。從江戶時代到現在，魚市場的盛況始終未曾衰退，足見對日本人的生活來說，魚有多麼不可或缺了。

專欄

幫助德川家康的佃島漁夫們

江戶時代初期，江戶周邊一帶漁業技術的發展，仰賴的便是從關西地區遷移到此地居住的漁民。這些在幕府庇護下生活的佃島漁民們，原屬於攝津國佃村（今日的大阪市西淀川區佃町）的住民，因為受到開闢江戶幕府時代德川家康的感召，特地從攝津國佃村遷移到江戶來居住。而這個小小漁村之所以會和德川家康產生聯繫，和明智光秀出兵討伐織田信長的「本能寺之變」一役有絕大的關係。

當時的家康一接獲光秀叛變的消息，立即帶著少數的家臣趕赴邊界抵擋。兩軍交戰傷亡慘烈，家康眼見情勢不利，唯恐賠掉性命，於是當下便決定撤兵，退回自己城池所在的三河。為了避免自己的行跡敗露，家康繞道走遠路回去，途中卻遭遇神崎川洪水氾濫，在進退不得的情況下，幸好當地佃村的漁民們伸出援手，在危急之中出船載運家康一行人平安渡河。

據傳在此次事件之後，包括「大阪冬之陣．夏之陣」[12]也都不乏佃村居民參與的身影。他們不是為家康的軍隊做後援服務，便是義務扛起海上的警戒責任，要不然就是幫忙暗渡陳倉護送士兵。為了感謝佃村居民的貢獻，家康遂於功成之後，以賞賜土地居住及經營漁業的優先權為號召，讓佃村一干居民在江戶落腳生根。

3——江戶前三大料理——壽司篇

江戶的速食——江戶前壽司

當江戶時代漁民在江戶前所捕到的魚愈來愈多之後，應用這些海產來製作美食的各式各樣「江戶前料理」便應運而生。其中之一的江戶前壽司，如今已成爲日本料理的一大代表。

我們一般所說的壽司，其實指的就是握壽司，而它最初的雛型便誕生在江戶，也就是江戶前壽司的始祖。

壽司最原始的模樣爲何呢？就是將生魚片和米飯同時用佐料去浸漬，使其發酵「熟成」爲一種熟壽司。滋賀縣的鯽魚壽司便是典型的例子。不過所謂的「熟壽司」，正確的吃法是要拿掉米飯，只吃魚肉的部分。魚和飯同時入口的吃法，是從室町時代[13]才開始的。這時候的壽司已經縮短了熟成的發酵期間，相對地可以說是一種「生成」狀態的壽司。

之後，在上方（關西地區）慢慢出現了將熟壽司添加上醋，然後緊密地塞在盒子裡，利用外部施壓原理製成的「押壽司」[14]。取其發酵時間短、可以快速入口的優點，也叫作「早壽司」（早鮨）或「箱壽司」。後來，有人將早壽司分切成方便食用的大小，並用竹葉包起來，即成為「笹卷壽司」[15]。「笹卷壽司」可說是一個發展上的重要關鍵，因為它就是後來握壽司的啟蒙概念。

握壽司的誕生，據傳是在江戶後期由一位名叫「華屋與兵衛」的壽司師傅發想出來的。他將摻入醋的米飯用手捏塑成形後，上面再擺上一塊醋漬的魚肉，然後在路邊攤叫賣。根據了解，當時握壽司的尺寸足足有現在的二到三倍大。

製作迅速、直接用手拿就可以吃的握壽司，對於生性急躁、容易不耐煩的江戶人來說尤其適合，攤子的生意也因此大受歡迎。轉眼間，這道美食立即在江戶地區流傳開來。

隨著江戶人對於握壽司的風靡，壽司上頭所覆的食材也開始有了不同的變化，包括星鰻、芝蝦、小鰶魚、鯛魚、文蛤等等，只要是當時江戶前抓得到的生鮮海產，能用的幾乎全派上用場。於是漸漸地，不知從何時起，「江戶前壽司」便成了握壽司的代名詞。

江戶前壽司的精髓在細緻的「工作」

說到江戶前壽司的特色，不僅僅是握壽司上面所採用的食材來自江戶前，包括食材在使用前還會先施以細緻的處理，例如將魚肉用醋浸泡過，或以醬油醃漬。這對於冰庫之類的保存技術尚未發達和普及的江戶時代來說，不失爲延長魚鮮壽命、讓食物保持美味的好方法，而這樣的發明也被視爲江戶前壽司的傳統作法一直持續流傳到今天。江戶前壽司所需要做的基本作業，普遍爲外界所熟知的有以下幾種：

●醋漬

將魚片等食材撒上鹽巴並用醋浸漬。此手法能有效去除食材當中所含的水分，並將鮮味濃縮起來。以小鰶魚爲例，大家都嫌牠不管用煮的或烤的都不好吃，可是一旦用醋浸泡過後，無論鮮味或口感都有加分的效果，因而成爲江戶前壽司的一大代表。

●醬油醃

將壽司的材料浸泡在醬油裡的手法，稱作「醃」。過去就連白肉魚也會先用醬油醃過，不過到了現代，卻是以醃鮪魚最爲出名。只是近來，使用非醬油醃漬的生鮪魚似乎已成爲主流，即使是標榜江戶前壽司的專門店也不例外。

●水煮・煨

江戶前壽司的另一個特徵是，有許多食材會先透過火力事先煮熟，例如蝦或蝦蛄這種甲殼類就得用水煮的方式燙熟，而星鰻和文蛤則要以醬汁慢火煨煮，使之入味。過去，像是烏賊、銀魚這類的食材，也同樣要經過調味煨煮後才能使用。

針對煨好的食材，壽司師傅在正式出菜之前，還會將它在魚高湯所熬成的濃稠煮汁「詰」[16]裡面蘸一下，使味道更添濃郁。

● 玉子燒

古早以前，江戶前壽司的玉子燒因爲有加入磨碎的蝦肉或是比目魚一類的白肉魚泥，吃起來口感特別滑順，且多了一股甘甜風味，是其一大特徵。

● 醋飯

最原始的江戶前壽司所使用的醋飯，其實只有添加醋和鹽巴而已，並沒有摻入糖。不過隨著現代人口味的改變，以及醋的風味早已不同以往，很多壽司店在製作醋飯的時候都習慣摻入了。

4 江戶前三大料理——鰻魚

所謂的「江戶前」，指的是鰻魚

「江戶前」一詞，最初原本是應用在鰻魚料理上。在江戶時代，當地人對於從江戶城位置就能一眼望見的隅田川下游以及深川一帶所捕獲的鰻魚非常自豪，便特別為牠冠上「江戶前」的稱號。相反地，從利根川和江戶城北側的偏遠之地運送過來的鰻魚，則稱為「旅鰻」或「外來鰻」以示區別。因此，江戶前鰻魚可說已然成為一種品質保證，特別受到江戶人的喜愛。

說到鰻魚，我們不禁會聯想到蒲燒。而今日所流傳的先剖魚再串籤，然後燒烤的烹調鰻魚的方法，正是起源自江戶時代的發明。但是在江戶時代以前，人們習慣將鰻魚簡單地剁成塊狀，然後串上竹籤燒烤，再刷上大豆醬油或味噌醬來食用，但是聽說味道並不怎麼樣。直到有人發明出今日我們所熟悉的蒲燒法，人們對於鰻魚的美味才算有了眞正的認識，也因此廣爲流傳。尤其是江戶前所出產的鰻魚，特以美味著稱，普受大衆好評。於是，在江戶一地隨處可見販賣鰻魚的路邊攤和流動攤販（在城鎮裡邊走邊叫賣的小攤商），一直發展到江戶時代末期，才終於出現鰻魚的專賣店。

一開始，這些鰻魚店販賣的只有清一色的蒲燒鰻，後來才發展出將烤好的鰻魚排放在白飯上面的鰻魚蓋飯[17]。據傳，鰻魚蓋飯可以說是日本人所發明出來最早的一款蓋飯形式。另一方面，將烤鰻和白飯分開盛裝的雙層飯盒「鰻重」，則是大正時代的產物。

傳承至今的江戶前鰻魚料理法

蒲燒鰻的作法不僅盛行於江戶地區，就連在上方（關西）也廣受民衆的歡迎。因此，關東和關西便逐漸發展出屬於各自的一套調理方法，並分別流傳到今天。其中一項很大的差異，在於剖魚的手法不同：關西習慣從鰻魚的腹部位置剖開，而關東則是從背部下手。據傳，這是由於江戶地區多武士，「切開魚肚」的動作容易讓他們聯想到「切腹」，因此視為禁忌。

再則，關東地區的蒲燒作法，是先把剖開的鰻魚烤過一回後再蒸熟，最後蘸上醬汁再烤一遍；反觀關西的作法，則省略了蒸的這道過程。為什麼會有這樣的差異呢？根據了解，原來是東京灣的海水富含養分，導致江戶前的鰻魚比起其他地方油脂含量特別高的緣故。但只要將鰻魚先蒸過，不但可以去除牠過多的油脂，同時還能讓魚肉變得更滑嫩可口。而隨著江戶前鰻魚發展出屬於自己獨特的烹調方式，鰻魚料理也在此時緊緊抓住了每個江戶人的心。

在此附帶一提，傳說日本人之所以每到立夏前十八天裡逢丑的日子[18]（土用の丑の日）就要吃鰻魚，乃源自江戶時代一位著名的發明家平賀源內的巧思。當時，某家鰻魚店的老闆向平賀源內抱怨，每到夏天鰻魚的生意就會變差，於是平賀源內便以「在丑（うし，U SHI）日吃有『う』（U）開頭的食物，對身體特別好」這句古老的諺語作發想，建議老闆將寫有「本日為土用丑日」[19]的紙貼在店裡面作為宣傳之用，從此日本便有了這項風俗習慣。

專欄 支撐江戶前之味的濃口醬油

對於江戶前料理的誕生與發展扮演著決定性角色的，不僅是江戶前所出產的這些豐富海鮮，濃口醬油的發明也功不可沒。

濃口醬油是從江戶時代中期以後才慢慢改良發展出來的，在它正式誕生前，市面上販售的多半是來自上方（關西地區）所製作的「下鄉醬油」。但由於「下鄉醬油」的價格昂貴，平民老百姓消費不起，於是隨著江戶人口漸增、慢慢發展出屬於江戶人特有的飲食文化之後，江戶周邊地帶便開始有人製作起濃口醬油。當時主要盛產的地區，即為今日的千葉縣野田和銚子。之所以會選擇在這些地方製造，不僅是因為當地的氣溫和濕度符合釀造醬油的條件，另一方面也是因為製造醬油的原料大豆和小麥的產地就在關東平原，因此只要透過利根川及江戶川這些水路，就可以輕易地將原料運送到江戶。

時至今日，野田和銚子依然以釀造濃口醬油而聞名全國。

隨著在江戶地區的能見度愈來愈廣，濃口醬油也以衛星鄉鎮的農產品之姿，普遍受到江戶老百姓的愛用。加上其濃郁醇厚的風味，特別適合用來搭配壽司、鰻魚或佃煮一類的料理，創造出屬於江戶人獨有的味道來。因此，若說濃口醬油的誕生，對於江戶前料理的美味具有畫龍點睛的效果也不為過。

5——江戶前三大料理——天婦羅

天婦羅源於西方料理

根據考證，日本天婦羅的作法乃是源自室町時代，由荷蘭、葡萄牙或西班牙等國家的人傳入長崎的南洋料理爲基礎演化而來的。當時引進的油炸食品，其實形式比較接近現在的可樂餅。

另外，關於「天婦羅」名稱的由來，有一派比較可信的說法是由某個外語音譯而來。至於語源究竟出自哪個詞彙，則衆說紛紜，既有代表烹飪之意的葡萄牙語「tempero」，也有同爲葡語但意爲打散蛋液的「temperato」，另外還有象徵寺廟的西班牙語「templo」等。

從庶民飲食到日本料理的代表

傳說中，現在我們所熟悉的以魚蝦貝類等材料裹上麵衣後下鍋油炸的天婦羅，最原始的雛型即出現在江戶時代。隨後，漸漸地，在城市裡有愈來愈多攤販加入販售天婦羅的行列，這道美食才因此廣傳開來。而說到天婦羅的誕生與發展，一般認爲，和江戶前所捕撈到的新鮮魚貨在價格的流通方面愈趨平易近人有很大的關係。

賣天婦羅的路邊攤通常會出現的菜色有明蝦、銀寶魚、星鰻、芝蝦、青柳貝等，全部出身自江戶前。而他們所使用的油則爲胡麻油，可以將海鮮炸得特別香酥脆，堪稱江戶天婦羅的特色。另外，食用的時候爲了解油膩，攤商還會附上一碟加入蘿蔔泥所做成的天婦羅沾醬讓客人蘸著吃。

如同前面的解說，天婦羅在發明之初原本是以平民美食之姿在坊間流傳開來，但隨著後來開始出現在宴席的場合，天婦羅便搖身一變成爲高級料理。尤其到了戰後，自從政府用它來款待重要的外賓之後，天婦羅也成功地行銷到國外，並成爲外國人眼中日本料理的一大代表。

6——其他的江戶前料理——佃煮（甜烹海味）與淺草海苔

從佃島誕生的庶民美味・佃煮

江戶時代，家家戶戶都會吃的一道江戶前料理，那就是佃煮。顧名思義，佃煮就是誕生於江戶佃島的一種食物。

江戶時代與德川家康關係特別密切的攝津國佃村（即現在的大阪市西淀川區佃町）漁民們，自移居到江戶後，便以位於大川（兩國橋下游的隅田川）河口的潮埔地吹塡而成的離島作爲居住地，取名「佃島」，藉以紀念故鄉之名。

佃島的漁民們因爲享有幕府賜予的漁業優先權，於是將捕到的大量漁獲在上繳幕府後所剩餘的，便集中帶到日本橋的魚河岸販賣給一般大衆。最後賣剩下的魚和一些體積較小的雜魚，便打包回家給自家人裹腹用。傳說中，漁家爲了將那些雜魚做成漁夫出海時佐飯的菜餚，於是用鹽巴調味煮食，遂成了佃煮的前身。發展到後來，使用的材料不再侷限於雜魚，包括江戶前出產的糠蝦、蝦虎魚[20]、銀魚等也都會不時會入菜。接著，才慢慢發展出利用醬油和味醂來煨煮入味的作法。

於是，佃煮從一開始純粹的漁家菜，逐漸演變成住吉神社拿來招待香客的菜色，或是在茅場町藥師堂的前方成為公開販售的佳餚，因而為當地民眾所熟悉。儘管今日的佃煮所採用的江戶前食材其實已經不多了，但是在佃島當地，仍有幾家賣佃煮的老鋪依然堅守著屬於江戶的傳統好味道。唯一最大的變化是，為配合現代人的口味，過去江戶時代視為高級調味品的糖，如今已被廣泛應用在佃煮當中。

懷念的江戶之味・海苔

海苔，是日本人飲食生活中不可或缺的一品。傳說中，日本人自古便有食用海苔的習慣，在日本最早出現的一部律典《大寶律令》裡便清楚地記載著，海苔在古時候被統治階級視為租稅的一個項目向人民提出徵收。不過，那是指尚未加工處理過的天然紫菜。

我們今日所熟悉的薄片形海苔，乃源自江戶時代的發明。一開始，漁民只是將撈到的天然紫菜鋪平後曬乾，漸漸地，隨著江戶前海岸的紫菜養殖業日趨興盛的情況下，便發展出新的製作方法：將捕撈到的紫菜切成小段後，以如同抄紙般的手法，將紫菜展平成爲一片又一片薄薄的四方形，然後曬乾。自此之後，市場上便湧現大量的海苔加工食品。

其中，淺草出產的海苔因味道、香氣俱全，被奉爲同類食品當中的一級品。只不過，關於淺草海苔的定義衆說紛紜，至今尙無定論：有一說指稱，那是「因爲早期使用的材料來自淺草川（江戶時代對於位在兩國橋上游隅田川地區的稱呼）河口所捕撈到的紫菜」；另外，也有「薄片狀海苔的發明主要是參考淺草紙的作法而來」的說法；甚至是「因爲海苔的銷售主要集中在淺草寺的腹地範圍的關係」。唯一可以確定的是，海苔確實是從淺草一地開始流行，後來才慢慢推廣普及到整個江戶地區。隨之而來的，便是品川、大森等地頓時一躍成爲海苔的養殖重鎭。

如同上述，過去海苔的養殖與製造業曾經一度在東京很繁榮，但現在養殖業卻已完全銷聲匿跡，只剩下東京灣區域如千葉的船橋、木更津至富津一帶，以及神奈川的走水和長井等地，仍繼續堅守著養殖海苔的傳統。

● 江戶前五大料理

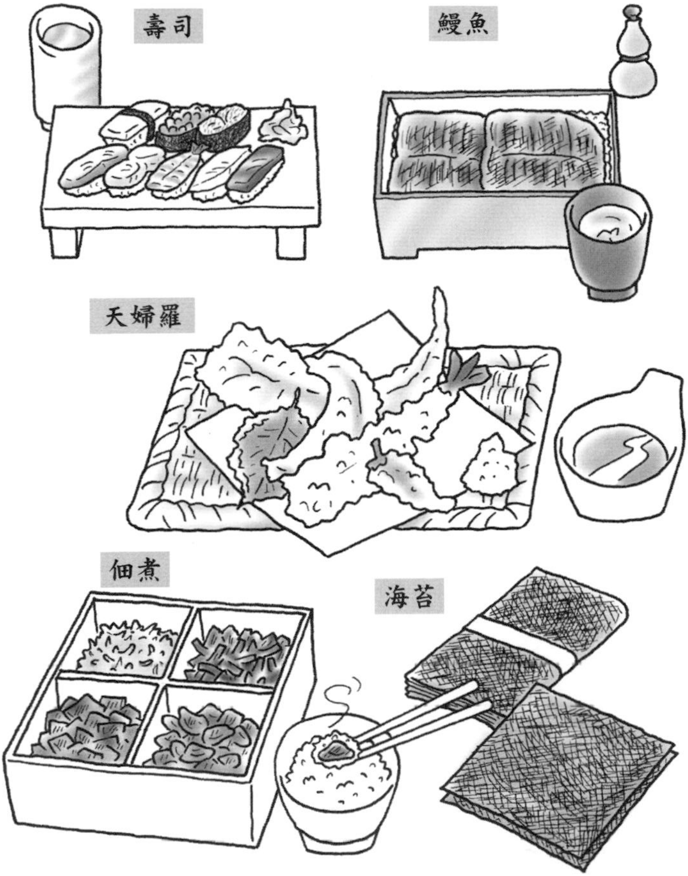

後記

本書的內容主要介紹被譽爲「江戶前」三大料理——壽司、鰻魚、天婦羅的國寶級師傅，看他們如何從學徒一路爬升、到獨立創業的心路歷程，以及面對當今日本料理界的現況發展，各有何不同的觀點與感想。而他們在職業舞台上的成就，也直接爲他們創造出另外一種身分，那就是身兼培養年輕一輩廚師的教育者的角色。在這方面，又爲大師們帶來不一樣的嶄新體驗。

對於出版本書貢獻良多的政策研究院大學院大學教授小松正之，每年均會以專業講師的身分出席本校的「烹飪節」活動，他在演講當中所提到如「水產食材的變遷與未來的保育工作」等深具國際觀的內容，不僅啓發了我們的在校生，包括歷年參與活動的賓客們也都普遍給予高度的評價。感謝小松先生的引薦，讓本校得以在去年度順利邀請到在料理界擁有崇高地位的三位國寶級大師——小野二郎、金本兼次郎以及早乙女哲哉，以「江戶前的定義」爲主題進行現場座談及料理示範。由於想要爭睹大師精湛技藝的人實在太多了，造成空前熱烈的盛況場面。學生們既可親眼目睹這些經歷過動盪變遷的昭和年代、畢生幾乎可說是爲料理而活的大師級廚藝，又能從他們興味十足的對談當中體會到大師的人生觀，這樣的機會可說千載難逢。

而當天未能參與活動的讀者，則可以透過本書的發行，了解到活動現場的盛況以及三位國寶級大師的風采。

今日，我們正面臨到一個對於食物講求「道德良心」的時代，而這些前輩廚師在專業上爲我們所樹立的風範，正好爲年輕人在追尋「現代廚師應盡的責任」道路上指引出一個正確的方向。我要積極推薦未來有志在料理世界中一展長才的年輕朋友們務必要閱讀此書，因爲你所學到的將不僅是烹飪的技巧而已，同時也希望你能領略到「料理世界的深奧」，並能夠一步一腳印地將日本傳統飲食文化的「智慧與技術」好好傳承下去。

另外，對於三位大師能夠在各自的工作崗位上克盡其職，並不斷努力精益求精，其精神、觀念和毅力不但堪爲後輩廚師的楷模，也值得各界人士作爲參考的借鏡。

最後，我要再次向三位大師致上最深的謝意，同時也要感謝小松正之教授在出版本書的過程中與予的大力協助。

學校法人新宿學園　新宿調理師專門學校理事長　關川惠一

美食評論家簡介

山本益博（YAMAMOTO MASUHIRO）

昭和二十三年，出生於日本東京都。早稻田大學畢業。昭和五十七年因出版《東京美味大賞200》（講談社）一書，瞬間成為日本美食評論界的先驅角色，活躍於各界。「與其吃美味的食物，不如吃出食物的美味」這句話是山本先生的座右銘。基於此番概念，他執筆寫下許多有關介紹美食的書籍，並跨平台活躍於電視、廣播、講座等不同活動的場合。最新著作有：《益博的東京排行榜》（實業之日本社）、《山本益博嚴選！宅配好米》（青春出版社）、《成人禮儀》（KK Best Series）等。

譯註

前言

1 裙帶菜：也就是一般俗稱的「海帶芽」。裙帶菜屬海藻類植物，一年生，色澤黃褐，其葉片呈羽狀裂，因狀似裙帶而得名。日本栽培裙帶菜的歷史悠久，從西元前他們便開始食用海藻。

2 橫濱港未來：位於橫濱市西區及中區交界海濱，通稱「港未來21」、「港未來」、「MM21」等，面積約一百八十六公頃，是橫濱以塡海的方式創造出來的海埔新生地。

3 青柳貝：由於青柳貝的貝肉經常會外露一小截，很像傻瓜吐舌頭的模樣，所以在日本俗稱「傻瓜貝」。

4 血蚶：日文稱作「赤貝」。此貝類棲息在北海道以南的日本、朝鮮半島、中國、台灣沿岸數公尺至數十公尺深的淺海泥質海底，因體液呈現血紅色，故在台灣名爲「血蚶」。

5 浦安：位於千葉縣西北部，過去曾是漁夫之鄉繁榮一時，盛產紫菜、蛤蜊等海產。

1 醋飯：日文把拌入醋的壽司飯稱作「舍利」，原因是壽司飯的作法不同於一般白米飯，煮出來的飯粒顏色較爲白淨明亮，且粒粒分明，感覺就像舍利子。市面上還有更高級的壽司飯，稱爲「銀舍利」。

2 二升：斗的十分之一，約一．八公升。

3 八合：升的十分之一，約〇．一八公升。

4 小鰶魚：（日文：小鰭）這裡指的是學名爲「Konosirus punctatus」窩班鰶的幼魚，體長十至十五公分，表面柔軟平滑帶光澤。據傳日文「コハダ（小鮨）」（意同「子肌」）一詞的來由，正是取其外在細嫩有如孩童肌膚之意。自古日本人便習慣將這種幼魚做成握壽司或醋漬佳餚食用。

5 割烹旅館：即料理旅館。「割烹」一詞，意指由專任日本料理師傅（也就是所謂的「板前」）親自在吧檯前爲客人操刀執鼎的一種傳統日本餐飲文化。而割烹旅館代表的正是以料理聞名的旅館。

6 現代名匠：（日文：現代名工），指的是每年由日本厚生勞働省針對學有專精的技職人員，遴選出在各界表現特別卓越的人士所頒發的一項榮耀。

7 粋：日本漢字「粋」，其一解釋是代表江戶之子的精神及氣質，對生活的洒脫，還有對人情世故的精通。

8 鰻魚盒飯：將鰻魚和白飯分開盛裝的雙層飯盒，日文稱作「鰻重」。

9 中國冷凍水餃事件：二〇〇八年，在日本發生一起民衆集體中毒的事件，共造成兩千多人受害。經過日本警方調查，發現中國製的冷凍手工水餃內含有殺蟲劑中的甲胺磷成分，後經調查發現是人爲的投毒報復事件。

10 慕斯卡德白酒：Muscadet，產自法國羅亞爾河谷南特地區的一種白葡萄酒，別稱「勃根地香瓜種」(Melon de Bourgogne)。其酒體輕盈、口感偏乾，帶有一股特殊的海濱氣息。

11 Roulerie：此 Chenin Blanc 白葡萄酒來自 Anjou 產區，屬於一般不甜型的白酒。酒的顏色呈現淡黃色，略似梨子汁，口感帶有清新的酸味，整體感受清爽、容易入口，適合在夏天飲用或搭配清淡的料理。

12 大森：位於東京都大田區東部，其靠近東京灣沿岸原本是淺草海苔的盛產地，現已塡平作爲海埔新生地利用。

13 特急列車：指日本鐵路的特快車。西元一九二九年九月，當時的日本國有鐵道把最急行1、2號列車命名爲「富士」，3、4號列車命名爲「櫻」。翌年，一九三〇年十月，往來東京與神戶之間的一、二、三等列車開始營運，即爲「燕」字號。

14 日本沙鮻：日文叫作「鱚魚」，俗稱「沙腸仔」，是一種鱸目的海魚，亦泛指所有屬於沙鮻科的魚類。主要分布在西北太平洋區，包括日本、韓國、中國北方沿海及臺灣；臺灣主要出現的範圍在西北部及澎湖海域。

15 《所先生嚇一跳！》：是一個以科學研究爲目的所製作的生活教育推廣節目，自一九八九年十月播放以來，屢屢創下高收視，並因其優質的內容獲頒無數獎項，進而成爲電視台少數長青類節目之一。

第2章

1 橫濱擬鰈：學名 Pseudopleuronectes yokohamae，日文叫作「眞子鰈」，爲輻鰭魚綱鰈形目鰈亞目鰈科擬鰈屬的魚類，俗名「黃蓋」、「黃蓋鰈」。分布於北達朝鮮、韃靼海峽及日本北海道南部以及東海北部至黃渤海等。

2 深川：東京都江東區靠西北部的一個地名，江戶時代曾作爲木材集散地和貯木場繁盛一時。境內知名的富岡八幡宮每三年舉辦一次的鳳輦神轎繞境活動，被譽爲江戶三大祭典之一。

3 糝薯：將魚肉磨碎拌入山芋泥一起蒸熟的食品。有時候也會加入雞肉或蟹肉。

4 銀寶：學名 Pholis nebulosa，中文正式名稱爲「雲斑錦鳚」。體型細長，有時可達到三十公分；腹鰭小到不易辨識，有明顯的尾鰭，包括頭部在內，全身均覆蓋著一層魚鱗。習慣棲息在藻類生長或岩礁地區的淺水海域。

5 虎鰻：學名 Gymnothorax kidako，中文正式名稱爲「蠕紋裸胸鯙」，俗稱「虎鰻」、「錢鰻」。體長呈圓柱形，尾部側扁，上、下頜尖長，略呈勾狀。魚體底色爲黃或褐色，周身環繞許多如樹枝狀蠕動的暗褐色條紋。主要棲息於亞潮帶珊瑚岩礁海域，多分布在西北太平洋區，自日本南部海域至菲律賓等地。

6 枇杷螺：屬名 Ficus，因貝殼外形酷似枇杷或胡瓜，故俗稱「枇杷螺」或「胡瓜螺」。殼表有如布紋，上面還帶有褐色的不規則花紋。屬於底棲性貝類，以海底腐質的有機物爲食。

7 佃島：東京都中央區的地名。昔日爲一突出隅田川河口的獨立小島，江戶時代初期，因攝津國佃（即現在的大阪府西淀川區）當地的漁民大量遷居至此，遂有其地名。

8 醍醐新兵衛：「醍醐」爲安房一地的家族姓氏，傳說在戰國時代的亂世當中落拓成爲漁夫後，便代代以「醍醐新兵衛」作爲戶長的稱呼，由其領銜帶領村人從事捕鯨的行業。

9 貝氏喙鯨：學名 Berardius arnuxii，日文漢字寫作「槌鯨」，有時又被稱爲「巨瓶鼻鯨」，爲目前世界上最大的現生種喙鯨。貝氏喙鯨分布於北太平洋溫帶，包括白令海峽、鄂霍次克海、日本海等周邊海域。

1 《廣辭苑》：爲日本知名的國語辭典，由岩波書店發行，與三省堂所出版的《大辭林》並列爲日本兩大辭典。相較於《大辭林》著重在現代詞彙與外來語的解釋，《廣辭苑》則收錄了大量的古文和方言。

2 AQUA-LINE：東京灣跨海公路，又稱爲東京灣水線，是一條橫跨日本東京灣的高速公路，由海底隧道與跨海大橋結合而成，銜接神奈川縣川崎市與千葉縣木更津市。

3 眞鯛：學名 Pagrus major，在台灣也叫作「嘉鱲」或「加納」。魚體呈鮮紅色，背部側線以上有藍色斑點；體側扁，呈長橢圓形，頭大爲其特徵。眞鯛分布在日本北海道以南至台灣附近海域。由於眞鯛的外型美觀、肉質細緻鮮美，自古即被日本人視爲高級的食用魚種，很早就開發出人工養殖的方式。

4 白沙鮻：學名 Sillago sihama，鱸目沙鮻科，常見於西太平洋及印度洋的淺海海床。多停棲在有泥沙的水域中，經常成群活動，喜食小蝦、甲殼類等海底動物。

5 窩斑鰶：學名 Konosirus punctatus，俗名「扁屏仔」、「油魚」、「海鯽仔」，爲輻鰭魚綱鯡形目鯡科的其中一種。魚體呈長卵圓形，側扁，腹緣具鋸齒狀的棱鱗，頭中大，吻短而鈍。分布於西北太平洋區，包括日本、東中國海、臺灣至南中國海、香港等，臺灣主要出現在南、北、西部及澎湖海域。

6 黃鰭刺鰕虎魚：學名 Acanthogobius flavimanus，爲輻鰭魚綱鱸形目鰕虎魚科刺鰕虎魚屬的魚類，俗名「油光魚」、「光魚」、「刺虎魚」。分布於亞洲的日本、韓國、俄羅斯西伯利亞及中國黃海、渤海等海域，多棲息於沿岸及河口泥濘多沙的河床底部。

7 繁星糯鰻：學名 Conger myriaster，又名「星康吉鰻」、「糯米鰻」，爲糯鰻科康吉鰻屬下的一個品種。身體延長，尾部側扁漸細，頭部扁平且背側具白色斑點，頭部及身體呈暗色。分布於西北太平洋海域，臺灣目前以東、東北及西南部較常出現。主要棲息於礁區及砂泥底，量少而經濟價值低。

8 短蛸：學名 Octopus ocellatus，又稱「短腿蛸」、「短爪章魚」，屬於章魚科章魚屬的頭足動物。胴部卵圓形，體表有許多突起的疣，背面在兩眼間有一個紡錘形的淺色斑，腕較短。爲生活在淺海的小型章魚，常被大量捕捉食用。

9 芝居小屋街：指專門表演歌舞伎一類日本傳統戲劇的庶民娛樂場所。江戶時代中後期，在淺草寺的參道兩旁逐漸出現商店與芝居小屋，同時還聚集許多各地的賣藝人，因而形成了「仲見世」這條爲江戶人所津津樂道的繁華鬧街。

10 吉原：位於今日的東京都台東區。一六一七年，江戶幕府創立沒多久，便允許民間在日本橋的葺屋町設置妓院，於是在幕府公認下的吉原妓院就此誕生，成爲日本第一的花柳街。

11 米暴動事件：十九世紀後，日本快速轉型爲工業化社會，城市的擴大、非農業人口的增加，在在使得大米的供應開始出現緊張。日本政府爲了出兵西伯利亞不斷徵調軍糧，導致米商和地主趁機哄抬米價，人民的生活出現嚴重的困頓，於是一九一八年七月，各地開始出現暴動事件。

12 阪冬之陣・夏之陣：大阪之役，是開創江戶幕府的德川家康爲了殲滅名義上的主君豐臣家勢力、以確保個人政權的長治久安所進行的重要戰役。

13 室町時代：介於西元一三三六至一五七三年間，在日本史當中被劃歸爲中世時代。

14 押壽司：即「壓壽司」之意，日文漢字寫作「押」。

15 笹卷壽司：「笹」一字在日文中代表竹葉，意思也就是「竹葉卷壽司」。

16 詰：日文念作「TSU ME」（ツメ）。

17 鰻魚蓋飯：日文稱作「鰻魚丼」；「丼」字的意思便是用來形容深底厚瓷的大碗蓋飯。

18 逢丑的日子（土用の丑の日）就要吃鰻魚：依照日本的風俗，立夏前丑日要吃烤鰻魚片，立冬前丑日女人要抹口紅。

19 本日爲土用丑日：「土用」意指立春、立夏、立秋、立冬的前十八天。作爲古代曆法十二地支之一的「丑」，日文念作「U SHI」，而鰻魚的日文念作「U NA GI」，正好符合日本俗諺說的「丑日吃有『U』開頭的食物，對身體特別好」。

20 蝦虎魚：英文爲 Goby，屬鱸魚目鰕虎魚科，最突出的特徵就是其腹鰭癒合成一吸盤狀。台灣民衆所熟悉的彈塗魚便屬於鰕虎魚的一種。

品味事典⑳

巨匠的技與心——日本三大料理之神的廚藝與修練

作者—小野二郎、金本兼次郎、早乙女哲哉
監修—小松正之
譯者—張雅梅
主編—林芳如
編輯—謝翠鈺
企劃—林倩聿
封面設計—楊啟巽
版式設計—陳郁汝
內頁排版—宸遠彩藝

總編輯—余宜芳
發行人—趙政岷
出版者—時報文化出版企業股份有限公司
10803台北市和平西路三段二四〇號四樓
發行專線—（〇二）二三〇六六八四二
讀者服務專線—〇八〇〇二三一七〇五
（〇二）二三〇四七一〇三
讀者服務傳真—（〇二）二三〇四六八五八
郵撥—一九三四四七二四時報文化出版公司
信箱—臺北郵政七九～九九信箱

時報悅讀網—http://www.readingtimes.com.tw
法律顧問—理律法律事務所 陳長文律師、李念祖律師
印刷—和楹彩色印刷有限公司
初版一刷—二〇一五年三月二十七日
初版二刷—二〇一八年十月十一日
定價—新台幣二八〇元
（缺頁或破損的書，請寄回更換）

時報文化出版公司成立於一九七五年，
並於一九九九年股票上櫃公開發行，於二〇〇八年脫離中時集團非屬旺中，
以「尊重智慧與創意的文化事業」為信念。

巨匠的技與心——日本三大料理之神的廚藝與修練 / 小野二郎等作, 張雅梅譯. -- 初版. -- 臺北市 : 時報文化, 2015.03
面 ; 公分. -- (品味事典 ; 20)

ISBN 978-957-13-6208-3(平裝)

1.飲食 2.傳記 3.日本

538.7831 104002287

ISBN 978-957-13-6208-3
Printed in Taiwan